인간 공학자가 들려주는

재미있는 공학심리 이야기

UX 디자이너를 위한 심리학 개론

인간 공학자가 들려주는

재미있는 공학심리 이야기

UX 디자이너를 위한 심리학 개론

인 쇄 : 2024년 3월 2일 초판 1쇄
발 행 : 2024년 3월 6일 초판 1쇄

저 자 : 김정룡
발행인 : 송 준
발행처 : 도서출판 홍릉
주 소 : 01093 서울시 강북구 인수봉로 50길 10
등 록 : 1976년 10월 21일 제5-66호

전 화 : 02-999-2274~5
팩 스 : 02-905-6729
e-mail : hongpub@hongpub.co.kr
http://www.hongpub.co.kr
ISBN : 979-11-5600-178-2(93000)

정 가 : 19,000원

인간 공학자가 들려주는

저자 : 김정룡

재미있는 공학심리 이야기

UX 디자이너를 위한 심리학 개론

도서출판 홍릉

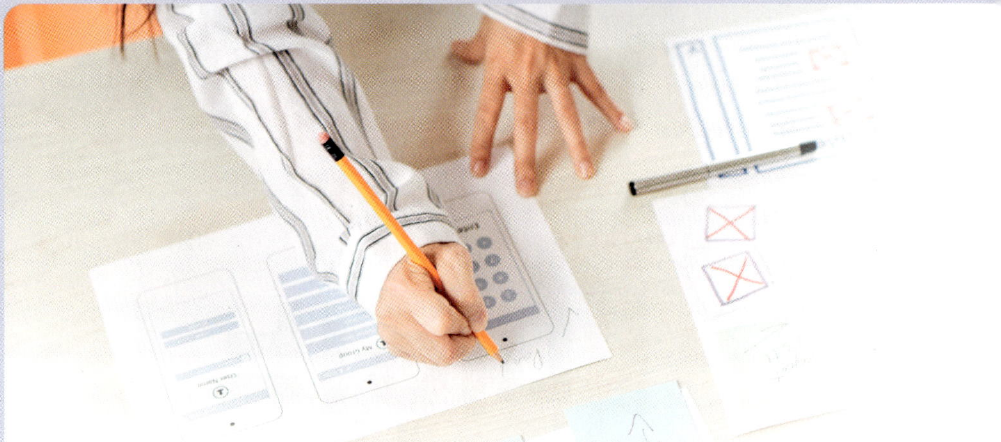

"재미있는 공학심리학"은 심리학을 필요로 하는 UX 디자이너를 위한 책입니다. 디자이너에게 심리학은 어렵습니다. 저 역시도 기계공학과 인간공학을 전공하였고, 심리학은 호기심의 대상이었습니다. 그러다가 우연히 수리심리를 부전공으로 선택하게 되면서 심리학과와의 인연이 시작되었습니다. 처음에는 욕심을 가지고 다양한 심리학 수업을 들었지만, 이해가 쉽지 않았습니다. 그러나 인지 심리학이 제품과 시스템을 설계하는 공학 디자이너에게는 반드시 필요하다는 것을 깨닫고, Wickins & Hollands[2000]의 Engineering Psychology라는 책을 접하게 되었습니다. 공학심리학 분야에서는 명저이고, 반드시 알아야할 내용이 담겨 있는 책입니다. 대학 강단에서 학생들을 10년 이상 가르친 후에야, 용기를 내어 공학 심리학 과목을 대학원에 개설하였습니다. 다행히, 학생들의 긍정적인 반응을 얻으면서 용기를 얻었고, 10년 후에는 학부 학생을 대상으로 공학과 심리라는 과목을 개설하였습니다. 우려와는 달리, 학생들도 높은 수업 집중도를 보여주었고, 긍정적인 결과를 얻었습니다. 이러한 데이터를 토대로 지난 수년간 꾸준히 강의 내용을 개발하였고 이를 책으로 펴내게 되었습니다.

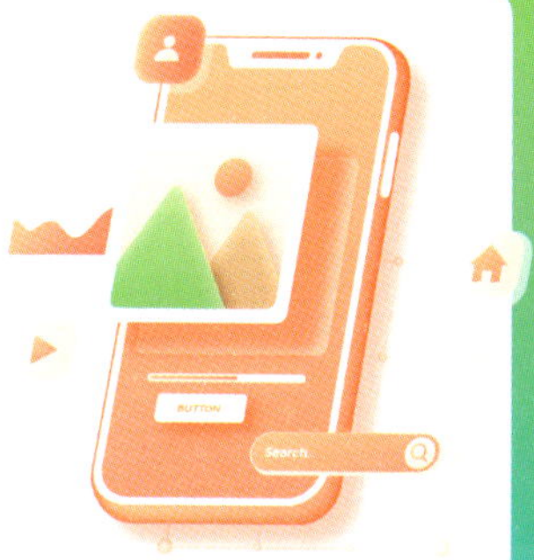

PROLOGUE

요즈음에는 사용자 경험 User eXperience: UX 디자인이 제품 디자인뿐 아니라 다양한 분야에서 사용됩니다. 전문 분야에 따라 UX 디자인의 정의가 다소 다르지만, 사용자가 좋은 경험의 기억 good memorable experience 을 갖도록 설계한다는 면에서는 이견이 없습니다. 이를 위해서는 우선 안전 safety, 편리함 convenience, 만족감 satisfaction을 충족시켜야 합니다. 예를 들어, 환상적인 여행 경험을 하더라도 도중에 안전사고를 당한다면 결국은 나쁜 경험의 기억으로 남을 것입니다. 그래서 이 책에서는 어떻게 하면 안전을 기초로, 사람들이 서비스나 제품을 통해 최고의 경험을 하는지, 어떤 심리적 요인들이 고려되어야 하는지를 다루고 있습니다. 안전, 편리성, 만족감이라는 궁극적인 경험을 제공하기 위한 약 50개의 개념들이 이 책에 소개되어 있습니다. 이 책은 10개의 공학심리 강의 Chapter와 최근 이슈가 되고 있는 인공지능 Chapter와 UX 디자인 가이드라인 Chapter를 포함하여, 총 12개 Chapter로 구성되어 있습니다.

무엇보다도 이 책을 공부하는 미래의 UX 디자이너에게 당부합니다. 그것은 대한민국에서 수년마다 한 번씩 발생하는 인재 人災를 예방하는 것입니다. 인재가 발생하면, 사건의 최종 책임자에게만 책임을 전가합니다. 어떤 잠재적인 원인 latent cause 으로 사고가 발생했는지에 대한 정밀하고 종합적인 분석이 이루어지지 않습니다. 저는 그 이유 중 하나가 심리적이고 시스템적인 내용을 분석할 수 있는 유능한 공학심리학자가 부재하기 때문이라고 생각합니다. 그래서 이 책에는 인재를 예방하고 분석할 수 있도록 교육하는 내용이 곳곳에 들어있습니다. 대형 인재의 인적 요인, 시스템적 요인, 디자인적 요인을 동시에 이해하기 위한 내용들이 포함되어 있습니다. 인재 예방을 위한 새로운 관점과 인식이 필요하고, 이 책은 그러한 인식과 지식을 갖춘 UX 디자이너를 양성하는데 목적을 두고 있습니다. 이런 내용의 책을 집필해야겠다고 생각한 배경에는 대구지하철 사고 2003 가 있습니다. 192명이 사망하고 151명이 부상한 이 사고는 방화범의 과실과 부실한 소방안전 대책도 문제였지만, 화재 발생 중인 역사에 열차를 정차시켜야만 했던 communication 오류와, 기관사가 마스터키를 빼고 탈출함으로써 전동차의 문이 잠겨버리는 의도치 않았던 실수를 유발시킨 Man-machine interaction 설계의 문제가 있습니다. 사실 이러한 내용은 기계나 전자공학적 설계의 범위를 넘어서는 복잡한 문제입니다. 다면적인 분석과 해결책을 필요로 하는 인재(人災) 앞에서, 공학적, 심리적, 디자인적 문제를 종합적으로 이해할 수 있는 UX 디자이너의 역할이 우리 사회에 필요하다고 생각합니다.

저는 이 책을 통해 디자이너들이 공학 디자이너든 산업 디자이너든 누구나 인지심리학적 이슈들을 흥미롭게 느끼는 계기가 되길 바랍니다. 안전하면서도 좋은 서비스와 제품을 만들기 위해서, 그리고 대형 인재를 포함한 이 사회의 문제에 대한 인식을 개선하기 위해서 UX적인 접근이 필요합니다. 남들이 보지 못하는 사용자 경험의 영역들을 날카롭게 분석하고 스마트하게 설계할 수 있는 우수한 UX 디자이너가 많이 배출되기를 기대합니다.

2024년 3월

김정룡 교수

CONTENTS

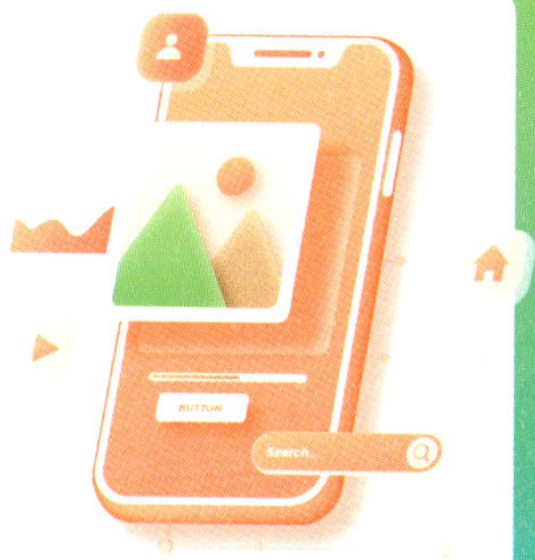

차례 |

차례 |

12 현장 UX 디자이너가 놓쳐서는 안되는 일 What a field UX Designer should not miss 181

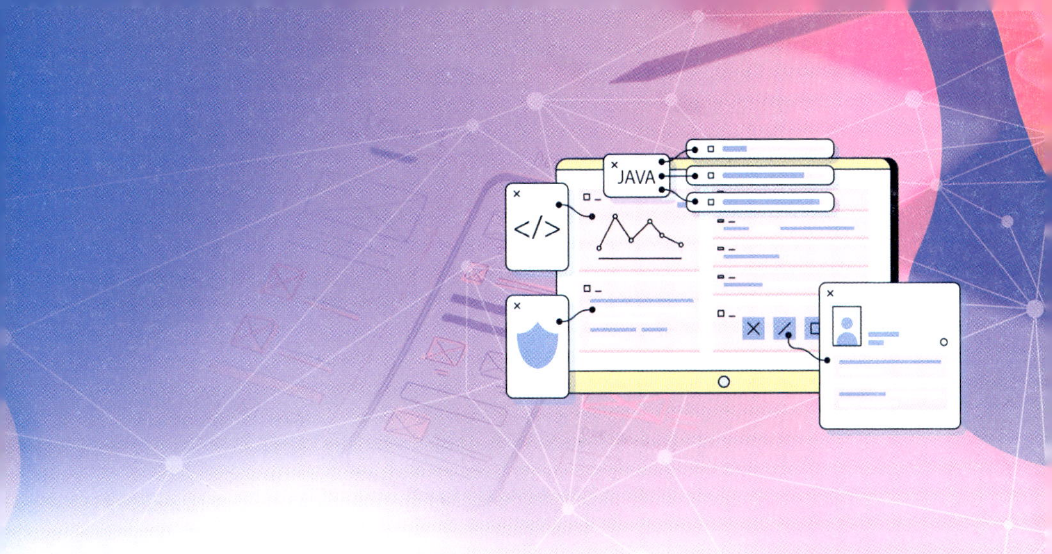

01

사람을 정보처리 기기처럼 취급해야하는 이유

사람이 어떻게 정보를 받아들이고 처리할까요? 이를 쉽게 이해하기 위해서는 사람을 복잡한 뇌구조를 가진 생물체라기보다, 단순한 저성능 컴퓨터라고 생각하는 것이 도움이 됩니다. 컴퓨터가 사람이 입력한 정보를 처리하듯, 사람도 다른 사람이나 정보기기로부터 얻어지는 정보를 처리하는 기계와 같은 역할을 한다고 보는 것입니다. 인지심리학을 쉽게 이해하는 방법입니다.

1.1
이전에 없던 기술사회 technical society의 도래

과거에는 사람과 사람이 만나서 이야기하면서 소통하고 관계를 맺었습니다. 이것이 사회 society를 구성하는 기본입니다. 그러나 지금은 사람들이 SNS social network service를 통해 간접적으로 소통하고 관계를 맺는 빈도와 시간이 더 많아졌습니다. 사람과 사람 사이에 항상 스마트폰과 같은 특정 형태의 전자기기가 놓여있습니다. 이렇게 다양한 기술적 도구 technical device를 사용하여 소통하는 것이 주가 되는 것이 기술 사회 technical society의 중요한 특징입니다. 사람의 표정을 읽는 것도, 음성의 분위기 nuance를 파악하는 것도 달라졌습니다. 이제는 모든 것이 정보 information 또는 데이터양으로 측정되고 전달됩니다. 사람들은 일과 관련된 정보뿐 아니라 개인적인 감정도 이모티콘이나

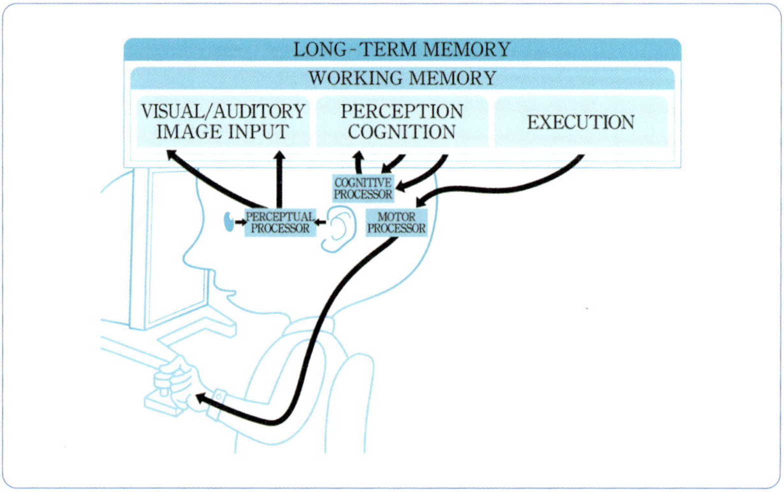

그림 1-1 | 정보처리시스템으로서의 인간 (https://story.pxd.co.kr/613, 일부수정)

애니매이션을 사용한 정보의 형태로 전달하게 됩니다. 게다가 과거에 비해 엄청나게 많은 정보를 매우 빠른 속도로 컴퓨터나 스마트 기기를 사용하여 처리합니다. 우리는 일을 하든, 게임을 하든, 친구와 대화를 하든, 컴퓨터나 스마트 기기를 사용해서 정보를 교환하는 것이 더 익숙해져 버린 기술사회에 살고 있습니다.

1.2

정보를 셀 수 있다고?

정보 information 라는 개념은 매우 추상적으로 들립니다. 그러나 정보를 정량적으로 정의한 사람이 있습니다. 수학자이자 전기공학자인 Claude.E.Shannon 1916-2001[1)2)]입니다. 그는 1 bit를 불확실성을 줄여 줄 수 있는 최소의 정보 단위로 정의하였습니다. 아래와 같이 정보라는 추상적인 개념을 측정 가능한 형태로 표현할 수 있도록 정리하였습니다. 갑자기 수학 공식이 나와서 복잡하게 느낄 수 있지만, 정보라는 추상적 개념을 측정 가능한 형태로 사용할 수 있게 했다는 면에서 그의 천재성을 엿볼 수 있습니다.

H_s: 정보 전달량을 bit 단위로 표시한 것

N: 발생 가능한 확률이 같은 경우의 수

$$H_s = \log_2 N$$

1) Shannon, Claude Elwood (1940). An Algebra for Theoretical Genetics (Thesis). Massachusetts Institute of Technology. hdl:1721.1/11174. – Contains a biography on pp. 64-65.

2) Shannon, Claude Elwood (1998). The mathematical theory of communication. Warren Weaver. Urbana: University of Illinois Press. ISBN 0-252-72546-8.

이 때 발생 가능한 확률(P_i)이 같지 않을 경우에도 표현이 가능합니다.

$$H_s = \log_2(1/P_i)$$

이러한 과정을 응용하면 특정한 사건 event에 대해서 평균 정보사용량 계산이 가능해 집니다.

$$H_{ave} = \sum_{i=1}^{n} P_i \left[\log_2\left(\frac{1}{P_i}\right)\right]$$

Event	A	B	C	D
P_i	0.5	0.25	0.125	0.125
$\frac{1}{P_i}$	2	4	8	8
$\log_2 \frac{1}{P_i}$	1	2	3	3

$$\sum P_i \left[\log_2 \frac{1}{P_i}\right] = \mathbf{0.5 + 0.5 + 0.375 + 0.375 = 1.75\ bits}$$

위의 통계적 과정3)은 사람들이 어떤 사건 event에 대해 생각하고 의사결정을 할 때 사용되는 전체 정보량을 수치적으로 평가할 수 있다는 것을 의미합니다. 그래서 정보라는 개념은 더 이상 막연한 개념이 아닌 측정 가능한 것이 되었습니다.

3) Wickens, J.G. Hollands, (2000) Information Theory in Engineering Psychology and Human Performance/ C.D. p45

1.3 인간정보처리모델 Human Information Processing Model로 뇌의 활동을 짐작할 수 있을까?

인간이 뇌 속에서 정보처리를 어떻게 하는지 알 수 있는 방법이 있을까요? 사람이 무엇을 보고 듣고 이해하고 판단하는 전 과정을 인지과정 cognitive process이라고 부릅니다. 우리가 공부할 때 주로 인지과정을 겪게 됩니다. 이 과정은 뇌에서 발생하지만 어느 시점에 어느 부위에서 일어나는지 해부학적으로는 단순하게 설명하기 어렵습니다. 그래서 많은 심리학자들의 실험을 거쳐서 사람의 인지과정이 어떻게 이루어질 것이라는 가상적인 모델을 만들었고 이러한 다양한 연구 결과를 총 정리하여 인간정보처리모델을 만들었습니다. 이 모델은 예외적인 몇 가지 경우를 제외하고 사람들이 인지과정을 설명하는데 매우 효과적인 모델로 알려졌습니다. 이 모델은 사람의 인지과정을 단계 stage별로 나누어 설명합니다. 각각의 단계에 대해 설명하겠습니다.

1.3.1 감각등록 sensory processing을 통한 정보처리의 시작

STSS Short Term Sensory Storage라고도 불립니다. 시각, 후각, 청각, 촉각, 미각을 통해 정보가 입력되기 시작하는 단계입니다. 개별 자극들은 매우 짧은 시간 안에 감각기관을 거쳐서 뇌로 입력된다고 합니다. 정확한 측정은 어렵지만 STSS에 시각적 잔상으로 1초 미만 또는 청각 잔향으로 2 내지 3초 머무르는 경험을 할 수 있습니다.

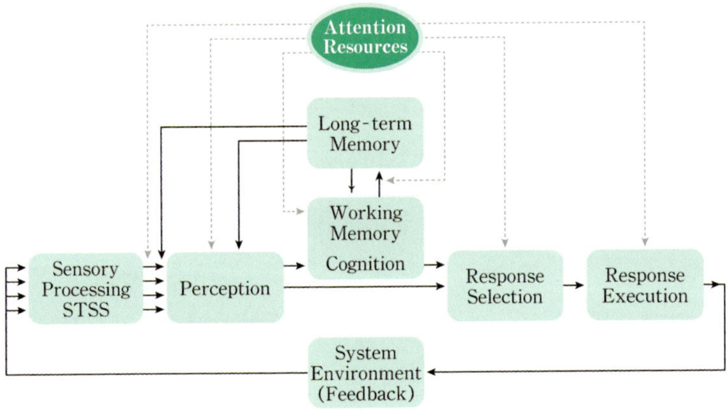

그림 1-2 | 정보처리모델 (Wickins & Hollands, 2000)

1.3.2 감지/지각/인식 perception을 이해해야 좋은 UX 디자인이 가능

Perception은 한글로 감지, 지각, 인식의 다양한 번역이 있습니다. 이 과정은 외부의 정보가 처음으로 대뇌에서 해석되기 시작하는 단계입니다. 이 단계 stage의 특징이자 장점은 매우 빠르고, 동시에 매우 적은 양의 주의집중자원 attention resource을 사용한다는 것입니다. 그래서 사람들은 감지를 매우 자주 사용합니다. 실제로 위험한 상황을 알아채고 순식간에 대처하는 과정도 감지 과정이기에 생존을 위한 본능적인 행위하고 할 수 있습니다. 이때 주의집중 자원은 흔히 사고를 예방하기 위한 주의력으로 표현되기도 하고, 이 때 사용되는 생체 에너지의 양으로 해석될 수 있습니다. 반면에 이 단계의 단점은 정보를 충분히 분석할 수 있는 시간과 자원이 부족하다는 것입니다. 급하게 하다가 잘못할 수 있다는 의미입니다. 예로, 교통 신호를 잘못 인식해서 사고가 유발되는 것도 감지 오류의 결과입니다. 이러한 감지과정은 적절하게 잘 사용하면 안전과 편의를 위한 설계를 하는데 매우 유용하게 사용될 수 있고, 반면에 위험에 처하게 할 수도 있습니다. 무엇보다도 이 과정이 중요한 이유는 실생활에서 사람들이 가장 많이 사용한다는 것입니다. 아마도 인간은 적은 에너지를 사용하여 원하는 결과를 얻어내려는 본능적인 효율 지향성이 있기 때문이라고 가정해 볼 수 있습니다. 이러한 특징 때문에 기능상으로는 인지 cognition 단계의 초기 과정으로 분류될 수 있지만, 인지와는 다른 감지 perception 단계로 따로 분류해 놓고 있습니다. UX 디자이너라면 감지 또는 인식 단계를 위한 설계를 잘하는 것이 효과적인 정보처리와 사고 예방을 위해 반드시 필요합니다.

1.3.3 인지 cognition 단계는 오류를 예방하는 문지기 gate keeper

여기서는 정보처리모델의 한 단계로서의 인지과정입니다. 일반적으로 정보처리모델의 전체 단계를 인지라고 부르기도 합니다. 전체를 의미하는 경우와 특정한 단계 stage를 의미하는 경우를 구분해서 용어를 사용하시면 됩니다. 특정한 단계로서의 인지는 입력된 정보를 이해 understanding하는 과정이고, 이를 위해서 입력된 내용을 구분 categorization하고 정의 identification하는 과정을 겪습니다. 입력된 정보를 알아차리고 이해한다는 면에서는 감지와 다를 바 없지만, 이 때 사용하는 정신적인 노력과 자원 resource의 양, 그리고 시간은 감지에 비해 매우 크고 깁니다. 이 때는 작업기억과 장기기억을 토대로 입력된 정보를 비교 분석하면서 이해합니다. 이해의 초기 단계가 감지라면 인지는 모든 사용 가능한 정보를 총동원하는 중간 단계이자 최종 단계입니다. 인지 단계는 다양한 정신적 과정 mental process이 동반되는데, 재인지 recognition, 기억 회상 recall, 추론 reasoning, 계산 computation 등이 포함됩니다. 인지 과정은 입력된 정보에 대해 최종적으로 확인을 하는 단계이기 때문에 사람이 오류를 범하지 않으려면 충분한 시간을 가지고 매우 신중하게 최종 결론을 내는 것이 요구됩니다. 그래서 인지단계는 인적 오류를 예방할 수 있는 문지기 역할을 합니다.

1.3.4 기억 memory의 기능적 특성과 한계를 이해하기

기억은 크게 작업기억 working memeory과 장기기억 long term memory으로 나누어집니다. 작업기억은 실제 작업을 위해 사용하는 임시 기억입니다. 친구가 불러주는 전화번호나 주소를 잠시 기억해서 종이에 적어놓고 바로 잊어버리라는 현상을 상상하시면 됩니다. Brown Patterson paradigm[4]에서는 시간이 경과함에 따라 작업기억이 손실되는 정도를 보여줍니다. 컴퓨터 메모리에 비유하면 마치 RAM memory와 같습니다. 작업기억의 용량은 크지는 않지만 작업에 빠르게 활용될 수 있습니다. 장기기억은 학습 learning and training에 의해 만들어집니다. 특히 일정 횟수의 반복 rehearsal은 장기기억을 만드는데 매우 필수적인 과정입니다. 장기기억에는 흔히 말하는 단순한 지식 뿐 아니라 know-how등의 복잡한 내용도 포함합니다. 컴퓨터 메모리에 비유하면 Hard memory와 같습니다. 예외적으로 장기작업기억 Long-term working memory과 같은 현상이 관찰되기도 합니다. 전문가들이 장기기억 장치를 마치 작업기억 장치처럼 빠르고 쉽게 활용하는 경우입니다. 정보처리모델로는 설명이 잘 되지 않는 특별한 경우입니다. 흥

4) Laming, D. (1992). Analysis of short-term retention: Models for Brown-Peterson experiments. Journal of Experimental Psychology: Learning, Memory, and Cognition, 18(6), 1342-1365. https://doi.org/10.1037/0278-7393.18.6.1342

미롭게도 컴퓨터에 비유하면 Hard drive 공간을 할당해서 Virtual RAM memory로 쓰는 경우와 유사합니다. 이와 같이 사람의 기억 구조는 컴퓨터의 그것과 매우 유사한 형태로 되어 있습니다. 아마도 컴퓨터가 만들어질 때 사람의 뇌 구조를 흉내낸 것이겠죠?

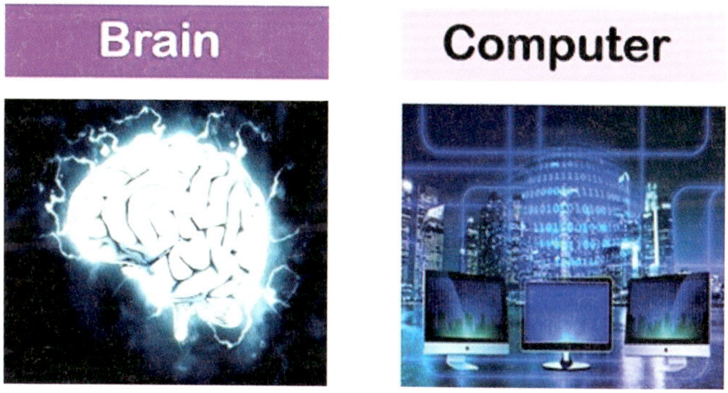

그림 1-3 | 인간의 뇌의 기능과 특성을 토대로 설계되는 컴퓨터의 구조(schema)와 알고리듬 (https://www.google.com/url?sa=i&url=https%3A%2F%2Ftechdifferences.com%2Fdifference-between-brain-and-computer.html&psig)

1.3.5 의사결정 decision making / 반응선택 response selection

의사결정 decision making은 인지단계를 거치면서 평가 evaluation와 판단 judgement의 과정을 거쳐 이루어지게 됩니다. 이 과정은 인지의 마지막 과정으로 보여지는데, 정보처리모델에서는 의사결정 단계를 명시하지 않고 반응선택 단계만을 표현하기도 합니다. 반응선택을 한다는 것은 의사결정을 하고 행동으로 옮기기 바로 전 단계이므로, 두 단계를 구분하지 않고 뭉뚱그려 표현하기도 합니다.

1.3.6 반응 실행 response execution과 피드백 feedback

뇌가 결정된 명령을 신경계과 근골격계를 사용하여 조화롭게 움직이도록 하는 과정입니다. 정보처리과정의 최종단계입니다. 몸이 움직이는 단계인데 왜 뇌가 관여하는 인지과정의 일부라고 할까요? 사람의 몸의 움직임도 결국 뇌에서 만들어낸 정보에 따라 결정된다는 면에서 독립된 별도의 신체 활동으로 보기보다는 뇌의 명령을 따라 움직이는 인지과정의 마지막 단계로 설명됩니다. 이 때 closed feedback을 통해 잘못된 행위나 행동은 바로 재해석되어서 수정된 동작을 만들어 내기도 합니다.

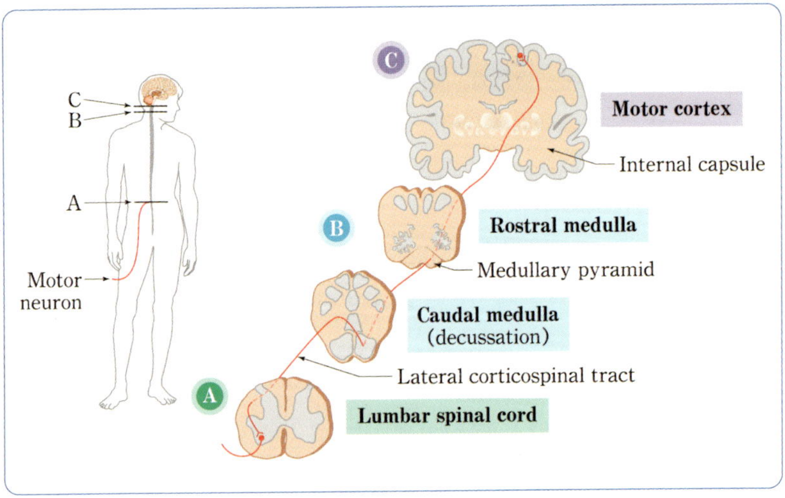

그림 1-4 | 뇌가 제공하는 정보에 따라 움직이는 신체 구조 (https://openbooks.lib.msu.edu/neuroscience/chapter/execution-of-movement)

1.4
1장 주요 내용 복습

1.4.1 Key words

정보의 정량화, 인간정보처리 모델, perception, cognition

1.4.2 연습 과제

1) 개인적으로 경험했던 사건을 시나리오 형식으로 기술해보고, 해프닝이나 실수의 원인을 인간정보처리 모델에 근거해서 분석해보세요.

 예 나는 지난 주말에 친구들과 운동장에서 야구 경기를 했다. 나는 항상 투수 역할을 도맡아 하곤 했는데, 그 날 따라 상대팀에게 계속 안타를 맞고 게임을 형편없이 지게 되었다. 날씨가 흐려서 그런지 포수의 사인이 잘 안보인 거 같기도 했고(STSS 상의 오류가 발생함), 집중력이 떨어져서 그런지 포수의 사인을 주의 깊게 보지 않은 것 같기도 했다(감지 과정에서 피곤해서 attention resource 줄어듦). 포수 역시 연습할 때와 다르게 사인을 주고 있어서 헷갈렸고 (포수의 사인의 내용을 정확히 인지하는데 실패함), 포수의 사인의 의미를 긴장해서 깜박 잊기도 했다(기억 오류 발생). 4회 말에서는 포수의 사인과 다르게 유인구를 던지면 타자가 속을 줄 알았다(예외적인 의사결정 또는 반응선택 단계), 그러나 유인구가 손에서 미끄러져 가운데로 정직하게 들어간 공이 안타를 맞고 말았다(실행 오류 발생).

2) 가상적인 상황을 설정하고, 발생할 수 있는 연속된 이벤트를 설정하고, 의사결정을 하는데 필요한 총 평균 정보량 bits이 얼마나 될 지 계산해 보세요.

예 어디서 옷을 살까?(2군데 또는 3군데 중 선택), 어떤 색의 옷을 살까(3가지 중 선택), 가격대는 어떤 것이 좋을까?(10만원 이상 또는 이하), 한번 더 구경을 하고 살까?

02

주의 집중을 하지 않았다는 억울한 누명

"정신 차려", "집중해"라는 말을 흔히 들을 수 있습니다. 그만큼 주의력을 집중하는 것이 수행 결과나 오류 예방에 큰 영향을 미치게 됩니다. 공부할 때나, 일을 할 때 반드시 필요한 것이 주의 집중입니다. 그러나 사람들은 항상 완벽한 주의 집중이 어렵습니다. 아마도 완벽하지 않은 것이 자연스러운 사람의 모습으로 보입니다. 그러나 이런 완벽하지 않은 주의력 때문에 일을 그르치게 되면 "부주의"했다는 질타를 받게 되고, 법적 책임도 져야하고, 부주의하지만 않았더라면 아무 일도 일어나지 않았을 거라는 비현실적인 "myth"에 가까운 주장을 합니다. 그렇다면 완벽할 수 없는 사람들이 완벽한 주의력을 요구하는 시스템을 어떻게 실수 없이 운영할 수 있을까요?

2.1 주의집중 atttention의 종류

주의집중이 실패하는 원인을 분석하기 위해 주의집중의 형태를 이해하는 것이 중요합니다. 어느 형태가 맞고 틀리는 것이 아닙니다. 주변 상황에 따라 적절한 형태의 주의집중이 이루어지고 있느냐가 중요합니다. 더 이상 다양한 주의집중 실패의 원인을 단순한 부주의 inattention로 결론지어서는 안됩니다. 적절한 주의집중이 되지 않은 원인에 따른 처방이 필요합니다.

2.1.1 선택적 주의집중 selective attention

사람들은 곧잘 자신에게 필요한 정보보다는, 눈에 잘 띄는 것에 주의를 기울입니다. 이처럼 우리의 주의집중 패턴은 매우 선택적인 경우가 많습니다. 이는 필요한 정보에 집중했을 때 수행도를 높이기 위한 전략으로 사용되지만, 중요하지 않은 정보에 선택적 주의집중을 하는 경우에는 비효율과 위험이 야기될 수 있습니다. 이러한 경우의 예가 인지 터널링 cognitive tunneling입니다. 주변을 보지 못하고 한 군데만 바라보다 중요한 정보를 놓쳐버리는 현상입니다. 한편, 정보를 놓치는 경우와는 반대로 사람은 소음 속에서도 듣고 싶은 것을 들을 수 있는 청각의 선택적 인지능력이 있습니다. 이를 칵테일파티 효과 cocktail party effect라고 부릅니다.

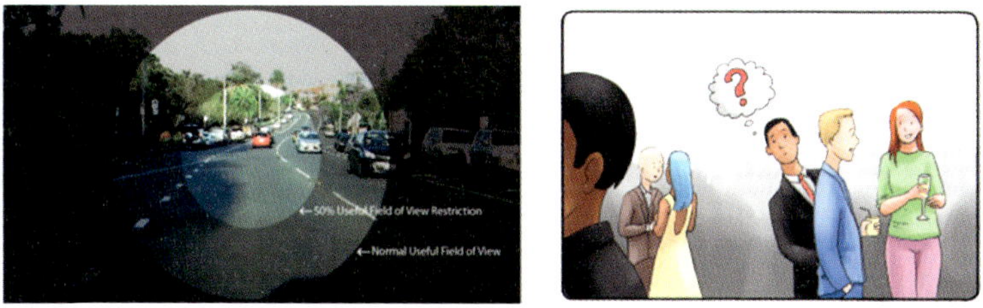

그림 2-1 | 선택적 주의집중의 시각적 예 (인지 터널링)와 청각적 예 (칵테일 파티효과)
(https://www.pointsdevue.com/article/older-drivers-implications-visual-changes-age: 좌)
(https://practicalpie.com/cocktail-party-effect-examples/: 우)

2.1.2 몰입적 주의집중 focussed attention

지금 받아들이고 있는 정보 외에 다른 정보는 무시해 버리는 상태를 의미합니다. 주의 집중 자원을 효율적으로 사용하기 위한 전략 중의 하나이지만, 매우 중요한 피드백을 무시함으로써 위험에 처할 수도 있습니다.

그림 2-2 | 몰입적 주의집중 (focussed attention)의 예 (https://www.calmsage.com/what-is-focused-meditation/)

2.1.3 주의분산 divided attention

몰입적 주의집중의 상대 개념으로 이해되고, 주의집중 자원을 분산시켜서 두 가지 이상의 일을 한꺼번에 처리하기 위해 주의력을 분산시키는 상황입니다. 이 역시 주의집중자원을 효율적으로 사용하기 위한 전략이지만, 두 마리 토끼를 잡으려다 둘 다 실패할 수도 있습니다.

그림 2-3 | 주의분산 (divided attention)의 예 (https://www.ucreative.com/biz-features/office-distractions-part-one/)

2.2 사전인식처리 preattentive processing

사전인식처리 preattentive processing는 주변으로부터 얻어진 정보들이 잠재의식 속에 축적되어 있다가, 관련 정보가 입력되면 일반적인 인식 perception 과정보다 앞서서 발생하는 듯한 인식 처리과정을 의미합니다.

2.2.1 형태심리학의 원리 Principles of Gestalt Psychology

Max Wertheimer 1880-1943와 몇몇 학자들에 의해 주창된 게슈탈트심리학이라고 불리우는 이론입니다[5]. 게슈탈트라는 단어의 의미는 형태 configuration라는 뜻입니다. 게슈탈트 심리학은 인간의 인식 perception은 분리된 요소보다도 전체 형태를 보는 관점에 의해 사전에 결정된다고 주장합니다. 사람의 동기 motivation나 기대감 expectation이 게슈탈트 심리 현상을 야기시키기도 한다는 것입니다. 게슈탈트 심리학이 야기시키는 인식에 관해 게슈탈트 심리학자들이 발견한 원칙들이 있습니다. 예를 들어 근접성 proximity, 유사성 similarity, 닫힘 closure, 연속성 continuity, 대칭 symmetry, 동영역 common region에 대한 사람의 인식은 형태심리학을

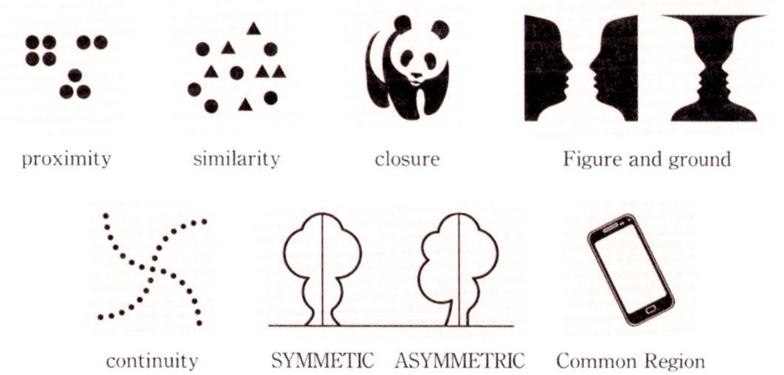

그림 2-4 | • proximity: 가까이 있는 원들은 멀리 있는 원에 비해 친밀한 관계성이 있다고 인식함
• similarity: 유사한 형태의 기하학적 구조는 같은 성질을 가지고 있다고 인식함
• closure: 열려있는 선이지만 주변 그림으로 유추하여 닫혀있는 선으로 인식함
• Figure and ground: 관점에 따라 형태와 배경 중 한 가지를 중심으로 인식함
• continuity: 선의 자연스러운 움직임의 형태를 예상하여 연결 구조를 인식함
• symmetry: 좌우 대칭의 형태의 경우 좌우 같은 내용으로 인식함
• common region: 같은 블록에 있는 기능을 유사한 것으로 인식함
(https://www.avocademy.com/blog/what-are-the-10-gestalt-principles)

5) Michael Wertheimer, A Brief History of Psychology, 4th edition, Fort Worth TX: Harcourt Brace, 2000.

설명하는 예로 사용됩니다.

2.2.2 전체적 또는 지역적 인식 global and local perception

사람들은 사전인식처리 preattentive processing의 영향을 받아, 전체적 global or holistic인 형태를 지엽적 local인 형태보다 먼저 인식합니다. 실제로 지엽적인 알파벳을 먼저 읽도록 하면 인식하는데 사용되는 시간이 길어집니다.

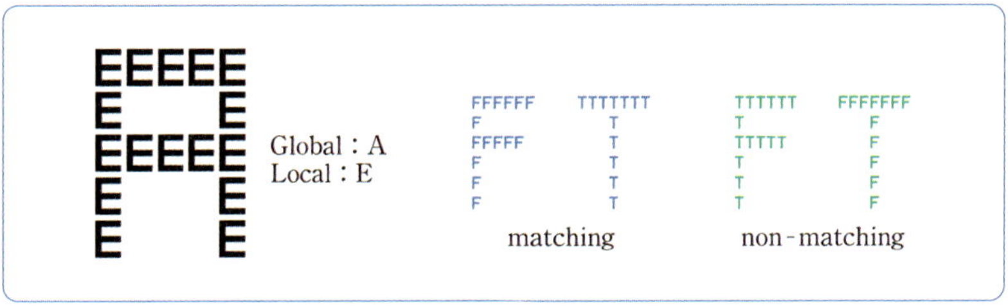

그림 2-5 | 전체적 디자인과 지역적 디자인에 따른 문자 인식 효율의 차이 (Flevaris and Robertson, 2016)

2.2.3 정신모형 Mental Model

정신모형이란 사람이 눈앞의 과제 해결을 위해서 머리 속에서 구축하는 작업모델 working model입니다. 일반적으로는 세상에 존재하는 개념이나, 아이디어, 사물, 사건, 현상 등을 이해하기 위해 개인이 가지고 있는 생각의 틀이라는 추상적인 의미도 있지만, 이 책에서의 정신모형은 사람과 사물간의 상호작용에 필요한 뇌의 기능에 초점을 맞추고 있습니다. UX 관점에서 정의하자면 "시스템의 운영 원리와 방법에 대해 사람들이 가지고 있는 생각의 순서와 구조"라고 할 수 있습니다. 한편 고정 관념과 혼동이 될 수 있는데, 둘 다 기존에 가지고 있는 생각이라는 점에서는 유사하지만, 고정관념은 기능적 문제 해결을 위한 목적으로 만들어진 것이 아니고 개인의 철학이나 신념을 유지하기 위한 고착된 사고방식을 표현하는 용어이므로 다른 개념입니다. 그러므로 이러한 정신모형은 특히 복잡한 조작이 필요한 인터페이스를 디자인할 때 매우 중요한 개념입니다. 정신모형과 일치하지 않는 인터페이스가 제작되면 사용자는 불편함과 실수를 유발할 수 있어, 안전과 편의성에 중대한 문제를 일으키게 됩니다.

예를 들면, 정신모형은 내 머릿속의 매뉴얼과 같은 역할을 합니다. 가구를 조립할 때 제조사의 매뉴얼을 따르기 어려울 때 사용자는 자신의 정신모형을 따라갑니다. 다른 예로, 특정 사이트에서의 메뉴의 위치, 구성과 내용이 사용자가 갖고 있는 정신모형을 따르지 않으면 사용성이 불편한 사이트로 인식됩니다. 특히 공장의 컨트롤 패널 control panel의 경우 다양한 계기판과 스위치 또는 버튼이 정신모형을

그림 2-6 | 급격한 전자기술의 발전으로 자동차 컨트롤 인터페이스의 정신모형의 변화가 급진적으로 일어난 예: 2000년대부터 "idrive"의 등장으로 기존 대시보드 정신모형 변화 시도. 인터페이스의 변화 요구가 절대적이지 않을 경우 가능한 기존의 정신모형을 유지하여 사용편의성을 담보하는 전략을 사용한 예: 2015년에서 2020년대까지 MMI디자인 변화를 주지 않음

따라 그룹핑grouping되지 않았을 경우 오퍼레이터가 심각한 조작 오류를 유발시킬 수 있습니다. 정신모형은 한번 익숙해지면 바꾸기 어렵습니다. 이러한 특징을 고려하여 자동차 인터페이스 설계는 신중하게 결정되어야 합니다. 디자인 혁신과 정신모형의 유지라는 개념은 상호 충돌하는 경우가 있어, 혁신의 범위과 정도를 조절하여 높은 사용성을 유지하면서 소비자의 미학적 욕구를 충족시키는 디자인 혁신을 하는 것이 매우 어렵고도 중요합니다.

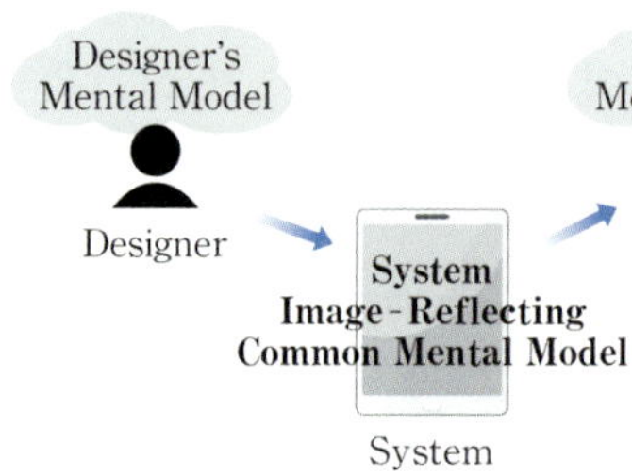

그림 2-7 | 복잡한 시스템일수록 설계자는 사용자의 정신모형에 유사한 시스템 작동원리를 사용하여야 함

2.2.4 상호연관성 compatibility

Compatibility 는 상호연관성, 상호조화성, 상호호환성 등으로 해석될 수 있습니다. 그만큼 포괄적인 의미를 가지고 있습니다. 이때 상호연관성은 형태와 기능, 속성 등의 내용을 포함합니다. 즉 서로 모양이나 형태가 유사하고 관련성이 있을 뿐 아니라, 기능적으로도 서로 상호 보완적인 경우에 사용되는 표현입니다. 예를 들어 'compatible couple'이라고 지칭하는 경우, 외모가 잘 어울리는 면도 있지만 성격이나 직업 등 기능적으로 서로 상호 조화성을 가지고 있는 경우에

사용합니다. 이 개념은 정신모형과 함께 사용성 디자인에 있어 매우 중요한 개념입니다. 한편, 정신모형은 사용자가 가지고 있는 내재적인 생각의 틀이라면, 상호연관성은 사물과 사물간의 관계를 표현하는 말이어서 용법이 다르다는 것을 유의하셔야 합니다. Compatibility 라는 단어는 다양한 경우에 사용됩니다. 예를 들어 하나의 교통카드로 전철 시스템과 버스 시스템을 모두 사용할 수 있으면 system compatibility가 좋다고 말합니다. 지금 사용하고 있는 스마트폰 OS를 가지고 향후 개발되는 다양한 앱을 문제없이 구동시킬 수 있다면 forward compatibility가 좋다고 합니다. 반대로 한글 최신 버전에서 작성한 문서라도 97년 한글 SW 버전에서도 읽힐 수 있다면 backward compatibility가 좋다고 합니다. 이러한 것을 통칭해서 software compatibility가 좋다고 표현합니다.

Compatibility의 구체적인 사례 중에 기능-표시 상호 연관성 Function-Display compatibility이 있습니다. 이것은 디자인된 형태가 유도하는데로 따라가면 원하는 기능을 구현할 수 있는 경우를 말합니다.

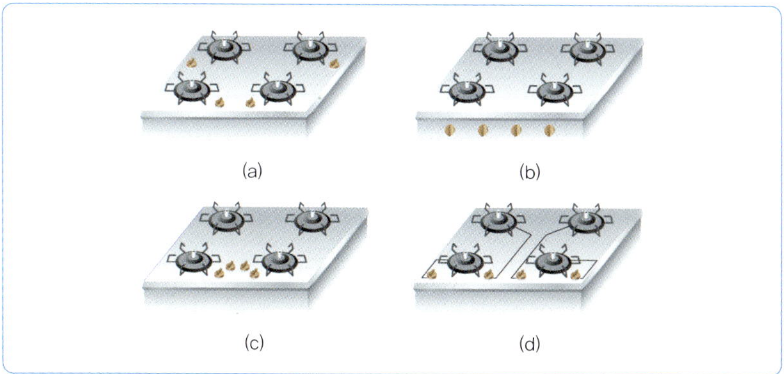

그림 2-8 | 가정용 가스레인지의 스위치와 화구의 위치가 (a), (d)는 일치하지만 (c)의 경우 연관성이 약하고 (b)의 경우 모호성이 남아 있어 기능-표시 상호연관성이 좋지 않은 경우임

또 다른 사례는 자극-반응 상호연관성 Stimulus-Response compatibility 입니다. 사람들은 특정한 자극에 대해 무의식적으로 특정한 반응을 하게 됩니다. 사용자가 긴급한 상황에서 매우 신속히 반응해야하는 조작이 요구되는 경우 이러한 상호연관성을 고려하는 것이 조작 오류를 예방할 수 있습니다.

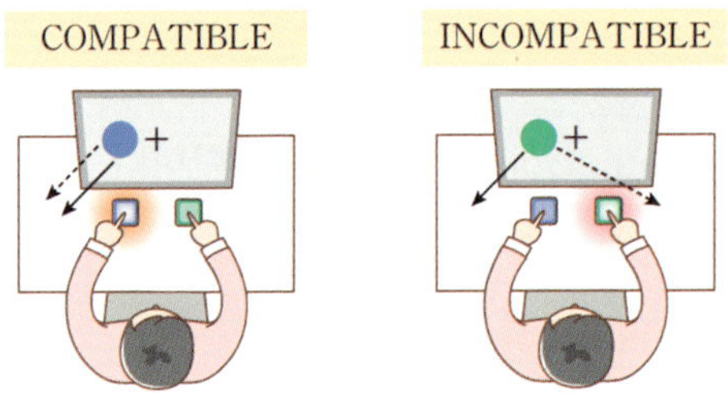

그림 2-9 | 파란색불이 켜질 때 파란색 버튼을 누른 경우 상호연관성이 커 반응 속도도 빨라짐. 반대의 경우 반응 속도가 느려짐

또 다른 유사한 예는 디자인-기능 상호연관성 Design-Function compatibility 입니다. 외형적인 디자인을 보면 직관적으로 어떻게 사용되는 물건이니 알아볼 수 있게 만들어진 경우를 일컫는 말입니다. 가장 포괄적으로 사용할 수 있는 compatibility 용어입니다. 꼭 기억해 두세요.

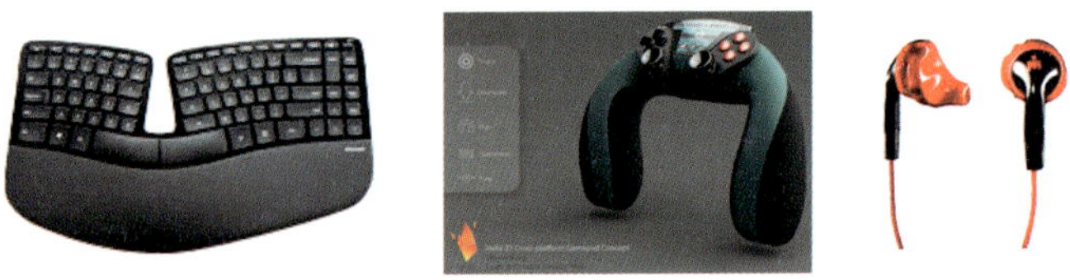

그림 2-10 | 디자인 된 형태를 보면 신체의 어느 부분을 어떻게 사용할 지를 설명 없이도 알 수 있음 (좌: MS Sculpt Ergonomic Desktop, 중: Logitech Helix Z1 Gaming Controller Concept by Steven Wang, 우: JBL yurbuds Inspire 100)

2.3
2장 주요 내용 복습

2.3.1 Key words

attention type, gestalt psychology, mental model, compatibility

2.3.2 연습 과제

1) Selective, Focused, Divided Attention의 예를 들어보세요.

2) Preattentive processing Gestalt Psychology을 경험했던 사례를 찾아 보고, 그 때 상황을 분석해 보세요.

3) 정신모형 Mental Model을 위반한 사례(1가지 이상)를 찾아서 구체적으로 어떤 부분이 위반되었는지 기술해 보세요.

4) 주변에서 Design-Function Compatibility를 위반한 디자인 사례(1가지 이상)를 찾아서 문제점을 기술하고 개선방안을 기술해 보세요.

03

내 말을 오해하는 사람들은 이유가 있다

사람들은 항상 다른 사람과의 공감하고 소통하고 싶어 합니다. 그러나, 한편으로는 사람들은 자신의 말과 의도가 제대로 전달되지 않아 답답해하기도 하고 오해받기도 합니다. 사람들은 같은 언어를 사용하고 있는데 왜 이런 소통의 어려움이 발생할까요? 그리고 이러한 소통의 어려움이 시스템 안에서 발생할 경우 위험한 사고를 발생시키기도 합니다. 왜 이런 일이 일어나는지 사람들의 언어 인식 방법에 대해 살펴봅시다.

3.1
언어 사용 coding과 이해 decoding 방법이 다르면 소통이 어렵다

사람들은 상대방의 생각이나 의도를 알기 위해 소통을 합니다. 이때 소통의 도구로 단어 word나 동작 gesture과 같은 특정한 신호를 사용합니다. 이렇게 신호를 만드는 행위를 코딩 coding이라고 합니다. 마치 컴퓨터에게 하고 싶은 말을 문자나 기호로 제공하고 이를 컴퓨터가 이해하는 것과 유사합니다. 이 때 컴퓨터는 사용자가 타이핑한 code를 기계언어로 다시 기호화 decoding 해서 의미를 이해합니다. 사람들 간의 대화에서도 이와 같은 coding과 decoding 원활해야 오해 없는 소통이 이루어질 수 있습니다.

3.1.1 단어의 뜻을 알아차리는 과정 word perception

망막 foveal에 단어의 형태라는 특정 자극이 제시되면 "bottom-up"과정을 통해 단어의 형태에 대한 원초적인 인식이 시작되고, 완성되지 않은 단어의 형태이지만, 이를 활용하여 기억되어 있던 데이터를 찾아내어 "top-down"과정을 거처 완전한 단어로 인식 perceptual processing 하게 됩니다. 즉, 사람들은 매우 짧은 순간에 bottom-up과 top-down과정을 거의 동시에 경험하면서 단어를 인식하게 됩니다. 이 때 top-down 과정도 bottom-up 과정에서 시작 trigerring 된다는 점을 잊지 않아야 합니다.

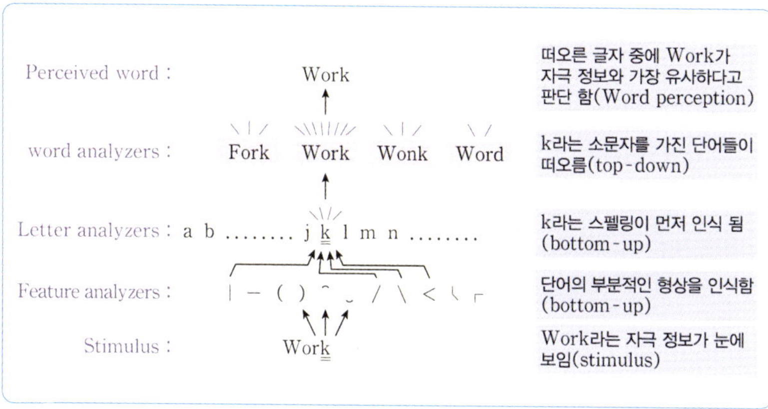

그림 3-1 | bottom-up과 top-down이 협업하는 단어의 인식과정 (Wickins and Holland, 2000)

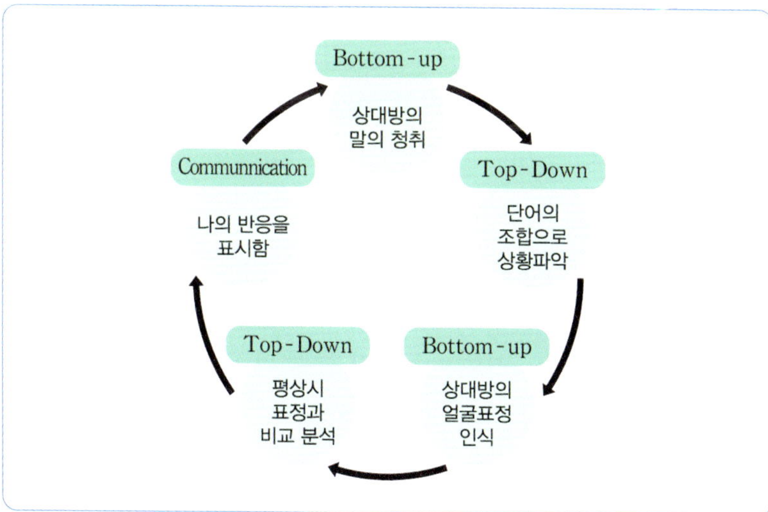

그림 3-2 | 우리 일상의 대화과정에서도 Bottom-Up, Top-Down 과정이 지속적이고 순환적으로 일어나고 있음

3.1.2 단위화 Unitization를 통한 시간 절약?

단위화란 여러 개로 나누어진 것을 합쳐서 하나의 단위로 인식한다는 것입니다. 즉 여러 개의 정보들을 단위화 과정을 통해 의미 있는 하나의 통합된 정보로 인식하는 현상입니다. 단위화 이론에 따르면, 단어는 단순한 알파벳의 합이 아닌 또 다른 구체적이거나 추상적인 의미로 인식되어집니다. 이 단위화 unitization는 단어가 자주 사용 familiarity 되거나, 특정한 의미와 연결 consistent mapping되는 일이 지속적으로 발생될 때 나타납니다. 이러한 자동성 automaticity은 정보를 빨리 처리하게 하는 장점도 있지만, 부정확성을 초래하기도 합니다. 예를 들어 보겠습니다. "and"나 "the"같은 단어는 매우 자주 나오기 때문에 단어를 인식할 때 자모 consonant and vowel의 조합을 일일이 확인하지 않고, 전체적인 형태 shape를 보고 문장을 연결하거나, 특정 단위를 지칭하는 기능적 단위 unit로 인식합니다. 이 경우 "and"를 "anl"로 스펠링을 잘못 기재하더라도 오타를 찾기 어렵습니다. 단위화 과정을 통해서 이미 개개의 스펠링을 보지 않기 때문입니다. 조금 다른 형태의 단위화도있습니다. 의미와 형태가 섞여서 상징 symbol으로 단위화되는 경우입니다. 예로 머릿글자 acronym나 약어 abbreviation의 경우입니다. 이 때는 파편화된 자모를 통해 장소나 뜻, 카테고리 등을 인식하게 됩니다. 예를 들면, NY, mph, corp. Mr. 와 같이 자모를 보면 바로 의미가 연상됩니다. 이러한 과정은 약어를 사용하는 사람들 간에는 소통을 원활하게 도와주는 면이 있는 반면, 단위화 과정을 겪지 않은 대상에게는 모호성으로 인해 소통이 어렵게 할 수 있으므로 시의적절하게 사용하는 것이 중요합니다.

3.2
정보전달을 오해없이 하려면

3.2.1 Context-Data Trade-Offs의 이해

Context란 전달하고자 하는 단어나 주제를 이해할 수 있도록 도와주는 주변 상황 또는 문맥을 의미합니다. 특히 Top-down processing을 할 때는 이러한 주변상황이나 문맥에 대해 알고 있는 것이 큰 도움을 줍니다. Context의 중요한 역할은 송신자가 코딩 coding한 내용을 수신자가 디코딩 decoding하는 과정에서의 오류를 줄여 줍니다. 만일 Context가 과거 시점에 충분히 제공되어있는 상태라면, 소통에 필요한 Data가 미흡하더라도, Context를 회상 recall하면서, top-down processing을 통해 의미를 유추하여, Data의 의미를 이해 comprehension할 수 있습니다. 오랜 친구끼리 말이 잘 통하는 이유입니다.

이러한 Context와 Data 간의 관계를 이론적으로 설명한 것이 Context-Data Trade-Off입니다. 이것은 언어적 소통과정에서 글자의 수가 적으면 단어 하나하나의 의미 data quality에 무게가 실리고, 반대로 문장이 길어지면 전체적인 맥락 context quality이 더 잘 전달된다는 것입니다. 그러므로 최적의 의사 전달을 위해서는 최적의 단어 사용량을 결정하는 것이 중요합니다. 이 때도, 정보 전달을 받는 사람이 top-down processing을 선호하는지 bottom-up processing을 선호하는지에 따라 단어 사용량의 최적점은 다소 달라질 수 있습니다.

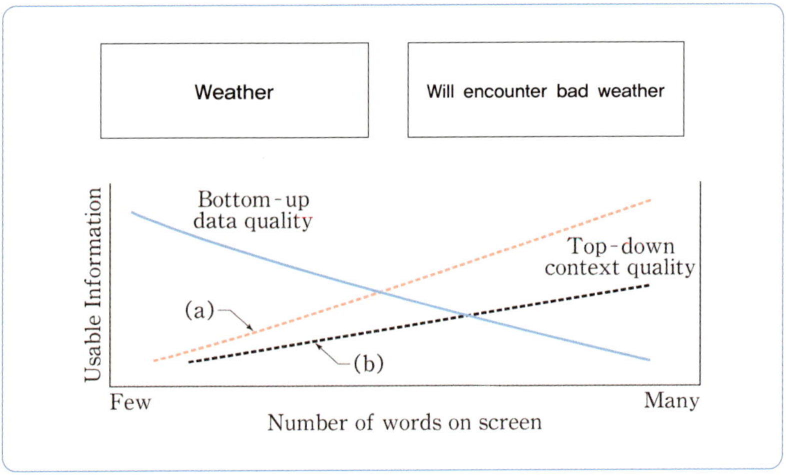

그림 3-3 | Context-Data Trade-Offs: 문맥와 개별 단어 간의 정보 전달 효율성을 나타내는 개념적 그래프 (a) context가 문장으로 충분히 표현된 것 (b) context가 몇 개의 단어로만 부족하게 표현된 경우 (Wickins and Holland, 2000)

3.2.2 적정 전달도구 optimal medium 사용

글 print or text은 추상적인 정보나 행위의 내용을 전달하는 데 유리합니다. 반면에 그림 picture or graphics은 공간 개념이 포함된 복잡한 개념을 전달하는 데 유리합니다. 그러므로 내용의 종류에 따라 적절한 전달 도구를 사용하는 것이 효율적인 의사 전달을 위해 매우 필요합니다. 다른 한편으로는, 전달하려는 내용이 매우 복잡한 경우, 글 text이 말 speech보다 더 효과적입니다. 왜냐하면 긴 speech를 듣고 중요한 내용을 용량이 적은 작업 기억 working memory에 저장하면서 따라가기가 어렵기 때문입니다. 그래서 좀 복잡한 내용을 이해하기 위해서는 그냥 말로만 듣는 것보다, 스스로 글을 읽으면서 이해하는 것이 더 효과적입니다.

3.2.3 중복효과 redundancy gain 활용

외부의 정보가 사람에게 입력되는 통로를 채널 channel이라고 부릅니다. 사람에게는 시각 visual, 청각 auditory, 촉각 haptic, 후각 olfactory, 미각 gustatory 채널이 있습니다. 한 개의 채널로는 한 가지 모드 mode의 정보가 입력됩니다. 그러나 2개 이상의 채널을 사용하면 동시에 2개 이상의 모드가 제공된 상태 multi-modality로 정보 입력이 가능해집니다. 예로 구급차에서 반짝거리는 경광등과 사이렌 소리를 동시에 보고 들을 때, 위급함을 분명하게 알아차리는 경우입니다. 이 때 시각과 청각에 전달된 위험 신호가 상호 충돌하지 않고 시너지 효과를 일으켰다면, 중복 효과를 보았다고 할 수 있습니다.

그림 3-4 | 중복효과를 활용한 119 차량의 회전 경광등과 사이렌

그리고, 아이들이 동화책을 읽을 때, 소리와 그림 auditory-pictorial combination을 동시에 사용하면, 글과 그림 text-pictorial combination을 동시에 보여주는 것보다 더 효과적입니다. 다양한 모드를 사용하는 경우, 한 채널보다 두 채널을 사용하는 중복효과가 더 효과적인 것을 알 수 있습니다. 다른 예로, 단일 모드 상태 single-modality이지만 이를 중복적으로 사용하는 경우, 정보 전달의 안전성 security를 증대되기도 합니다. 편지에서 주소와 우편번호를 동시에 사용하는 것은 단일 모달리티를 중복 사용하여 배달 안정성을 증가시키는 대표적인 예입니다. 그러

나 다른 예로, 운전 중에 시각과 청각으로 동시에 정보가 제공되는 경우, 두 정보 간에 예상치 않은 상호작용이 일어나서 (각각의 신호의 강도에 따른 위험 인식 정도가 달리 느껴지는 경우), 신호의 의미가 혼란스러워질 수도 있습니다. 이 경우에는 중복효과를 기대할 수 없습니다.

그림 3-5 | 단일 모달리티 중복효과

3.3
3장 주요 내용 복습

3.3.1 Key words

Unitization, Top-down Processing, Context, Multi-modality

3.3.2 연습과제

의사전달 과정에서 문제가 되었던 사건을 회상하고 그 원인이 무엇때문이었는지 학습한 내용을 토대로 키워드 당 각각 1개씩 총 4개의 시나리오를 작성하고 분석해 보세요.

예 • Unitization : 나한테는 자주 발생하는 일이어서 나만의 줄임말을 썼으나 상대방에게는 어쩌다 일어나는 일이어서 줄임말의 의미가 전달되지 않음

• Top-down Processing : 나는 직관력이 뛰어나 작은 힌트를 보고도 전체적인 그림이 그려지는데, 그런 나를 보고 내 친구는 허풍이 심하다고 함

• Context : 지난번 공연에서 무슨 일이 일어났는지 모르는 친구에게 이번 공연의 해프닝이 별 것 아니라고 이야기하자 나를 전혀 이해하지 못하겠다는 표정을 함

• Multi-modality : Redundancy gain을 하기 위해 다양한 시각적 자료를 사용했는데 핵심이 표현되지 않고 오히려 복잡하게만 표현됨

04

사람들은 왜 다른 결정을 할까?

사람들은 같은 정보를 가지고도 서로 다른 의사결정을 합니다. 그러면, 이러한 다른 결정을 하게 만드는 기준은 무엇일까요? 결정의 기준이 사람마다 어떻게 다른 것일까요? 다른 결정을 하는 사람들이 왜 그러는지 이론적인 설명이 가능한가요?

4.1
신호탐지이론 Signal Detection Theory이란?

4.1.1 정의 definition 6)

Response \ Signal	Present	Absent
Yes	Hit	False Alarm
No	Miss	Correct Rejection

그림 4-1 | 의사결정 과정과 결과를 정의한 신호탐지이론의 2×2 매트릭스

이 세상에는 많은 정보가 있고, 그 중에는 나에게 꼭 필요한 정보 signal와 그렇지 않은 정보 noise가 있습니다. 좋은 정보는 나에게 의미 있고 유익한 의사결정을 할 수 있게 도와 주지만, 그 외의 정보는 나의 의사결정을 방해할 수도 있습니다. 이러한 실제적인 상황을 논리적으로 정리하고 가능한 최적의 의사결정을 할 수 있는 방법을 설명해 놓은 것이 신호탐지이론입니다. 이 이론은 일상적인 상황에도 적용이 가능해 매우 활용성이 높은 이론입니다. 이 이론에는 4가지 경우가 있습니다. 첫째는, 실제로 신호가 존재 present하고 이를 제대로

6) Green, D. M., & Swets, J. A. (1966). Signal detection theory and psychophysics. Wiley. & Sons.

탐지해서 반응[response]한 경우입니다. “Hit”입니다. 맞췄습니다. 예로, 화재가 발생했을 때, 화재경보기가 정확하게 울리는 경우입니다. 둘째는, 실제로 신호가 존재하지 않았는데 있다고 반응하는 경우입니다. “False Alarm”입니다. 가짜 경고입니다. 예로, 화재가 발생하지 않았는데, 센서가 고장이거나 잘 못 건드려서 화재 경보가 울리는 경우입니다. 셋째는, 실제로 신호가 존재하는데 없다고 반응하는 경우입니다. “Miss”입니다. 놓쳤습니다. 예로, 화재가 실제로 났는데, 경보기가 울리지 않은 경우입니다. 넷째는, 실제로 신호가 존재하지 않는데, 이를 정확히 알고 반응하지 않은 경우입니다. “Correct Rejection”입니다. 아닌 것을 아니라고 하는 경우입니다. 예로, 화재가 없었고 경보기도 울리지 않은 경우입니다. 이 4가지가 사람에게 신호나 정보가 제공되었을 때 반응할 수 있는 모든 경우의 수입니다. 그 외의 애매한 상황은 최종 결정을 위한 일종의 과정이라고 보고 경우의 수에 반영하지 않습니다.

4.1.2 신호탐지이론의 치명적인 활용 예

첫 번째 예는, 레이더 탐지병의 상황입니다. 레이더 탐지병은 다음과 같은 4가지 결정을 할 수 있습니다.

- Hit : 실제로 적기 출현 함, 레이더에서 적기 출현 탐지
- Miss : 실제로 적기 출현 함, 적기 출현 미 탐지
- False Alarm : 적기 출현하지 않음, 적기 출현한 것으로 오 판단
- Correct Rejection : 적기 출현하지 않음, 적기 출현 미 탐지

이 경우, 적기 출현을 탐지하지 못하면 경계[vigilance] 의무를 소홀히

한 경우가 되고, 적 항공기의 폭격을 막지 못하면 엄청난 피해를 입을 수 있습니다. 그러므로 레이더 탐지병은 "Miss"를 줄이기 위해 조금만 의심이 되면 경고를 울리게 되는데, 이 경우 "False Alarm"을 남발하는 오류를 범하게 됩니다. 일단 경고가 울리면 매번 아군 비행기가 대응 출격을 해야하니, 엄청난 비용이 들게 됩니다. 그렇다면 과연 탐지병은 어떤 기준으로 탐지를 계속해야 하면서 의사결정을 해야할까요? 이러한 중요한 문제를 다루는 것이 신호탐지이론입니다.

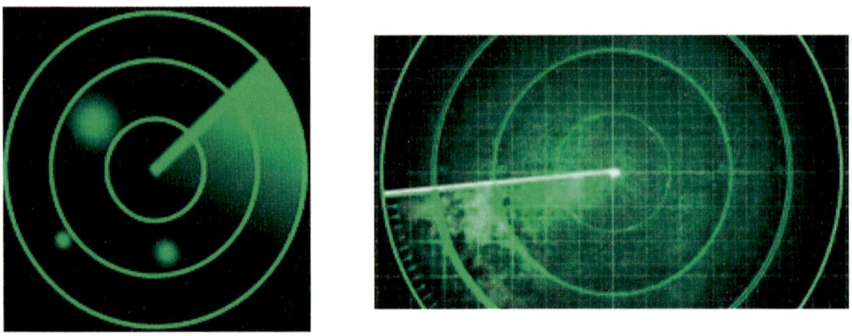

그림 4-2 | 레이다 시스템에서 실제로 사용하고 있는 신호탐지이론 (좌: https://www.freeimages.com/kr/vector/radar-screen-5519187, 우: https://www.youtube.com/watch?v=LcL6oQdNzLg)

두 번째 예로, 가상적인 시나리오를 사용하여 신호탐지 이론이 실생활에도 적용될 수 있는지 응용해 보겠습니다. 좋은 직장을 결정하는 과정에서 발생할 수 있는 가상적인 4가지 상황입니다.

- Hit : 실제로 좋은 직장인데, (회사의 경영철학이 맘에 들어) 다니기로 결정함
- Miss : 실제로 좋은 직장인데, (맘에 들지 않는 직원이 있어서) 다

니지 않기로 함

- False Alarm : 실제로 나쁜 직장인데, (집에서 가까워서) 다니기로 함
- Correct Rejection : 실제로 나쁜 직장인데, (회사의 재무상황을 확인하고) 다니지 않기로 함

괄호안의 내용은 의사결정의 과정에서 일어날 수 있는 예를 보여줍니다. 좋은 정보, 즉 제대로된 신호 signal 또는 정보를 기반으로 결정하는 경우는 Hit와 Correct Rejection을 경험합니다. 그러나 그렇지 않은 경우는 잘못된 신호 noise를 기반으로 결정하다보면 아쉽게도 Miss와 False Alarm을 경험하게 됩니다. 이같이 신호탐지이론은 일상의 의사결정을 분석하는 데에도 사용될 수 있는 방법론입니다.

세 번째로, 인공지능 비전이 signal과 noise를 혼동할 수 있는 상황입니다.

아래 그림에서 인공지능 컴퓨터는 사람의 얼굴을 인식하려고 노력하고 있는데, 실제 사람의 얼굴을 signal이라고 보고 뒤에 있는 얼굴그림을 noise라고 할 수 있습니다. 이때 컴퓨터 비전은 실제 사람의 얼굴 대신에 얼굴 그림을 signal로 인식할 수 있습니다. 이러한 False Alarm의 경우, 인공지능은 예상하지 못했던 오작동을 발생시킬 수 있습니다. 그러므로 신호탐지이론은 거의 모든 분야의 정보처리와 의사결정 단계에서 활용될 수 있습니다.

그림 4-3 | 컴퓨터비전이 사람의 얼굴을 잘못 인식하는 경우 (https://soniaphene.github.io/facedetector/)

이렇게 다양한 적용이 가능한 신호 탐지 이론 용어를 알기 쉽게 정리해 봅니다.

- Signal ≈ 최적의 의사결정을 하는데 필요한 진짜 정보
- Noise ≈ 최적의 의사결정을 하는데 방해되는 가짜 정보

여기서 최적이라는 말은 상황과 가치 기준에 따라 달라질 수 있지만, 신호탐지이론을 이해하기 위한 목적으로 사용됩니다. UX 디자이너는 신호탐지이론에 근거하여 사용자가 신호와 정보를 효과적으로 탐색할 수 있게 해야 합니다. Signal과 Noise가 잘 구별되는 인터페이스를 설계하여, 잘못된 정보로 인한 오류를 발생하지 않도록 해야 합니다.

4.1.3 Signal/Noise 확률분포곡선의 이해

확률분포곡선이란 데이터가 분포되어 있는 형태를 나타내는 선형 그래프입니다. 이러한 확률분포곡선을 활용하여 신호탐지이론을 설명할 수도 있습니다. 곡선의 아래 부분은 신호탐지이론의 2×2 매트릭스를 발생 가능한 경우의 수로 표현한 것입니다. 이 때 의사결정의 기준이 되는 것이 그래프에서 나타난 Criterion Beta(β)입니다. 이 β값이 어떻게 설정되느냐에 따라서 의사결정이 과연 최적이었는지를 결정하게 됩니다. 이 때 중립적인 β값이 항상 최선은 아닙니다. 의사결정의 결과에 대한 비용[cost]이나 수익[benefit]에 따라 최적의 의사결정 기준이 바뀔 수도 있습니다. 또는 개인의 가치관에 따라 최선의 의사결정 기준도 바뀔 수 있습니다. β가 지나가는 수직선을 의사결정선이라고 부르고 이 선의 오른쪽은 Signal이 있다고 반응하는 "예", 왼쪽은 Signal이 없다고 반응하는 "아니오"를 의미하는 영역이라고 이해하면 됩니다. 확률 통계 용어가 사용되고 있어 생소하게 들릴 수 있지만, 이 책에서는 개념을 중심으로 이해하면 어렵지 않습니다.

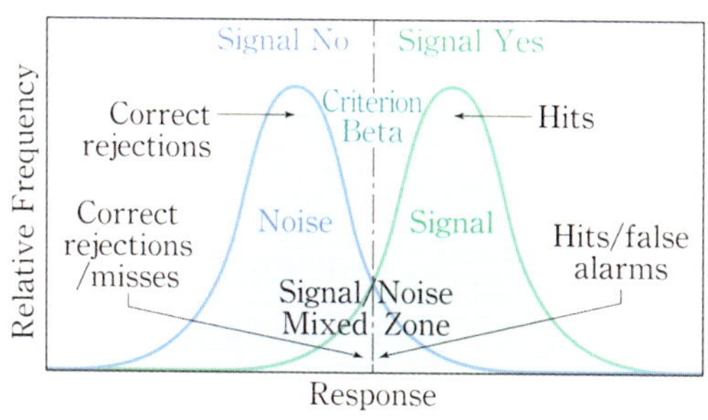

그림 4-4 | 신호탐지이론의 도식화된 설명

4.2 사람이 만드는 의사결정 오류의 종류

4.2.1 Type I error와 Type II error

사람이 만드는 의사결정 오류 두 가지가 있습니다. 첫째는 "False alarm"에 해당하는 type I error(α)입니다. 현상적으로는 "가짜를 진짜로 판단, 없는 사실을 있다고 잘못 판단, 약효가 없는데 있다고 판단"하는 경우를 말합니다. 이를 통계 용어로 귀무가설 null hypothesis 을 활용해서 표현할 수 있습니다. 예로, 실제로는 약효가 없는데, "약효가 없다는 귀무가설(약을 쓰나 안 쓰나 병세에 차도가 없음) 또는 영가설(H_0: A=B)을 Reject(거절)"한다고 표현합니다. 결론적으로, 약효가 있다고 잘못 판단한 것입니다.

둘째는 "Miss"에 해당하는 type II error(β)입니다. 현상적으로는 "진짜를 가짜로 판단, 있는 사실을 없다고 잘못 판단, 약효가 있는데 없다고 판단"하는 경우를 말합니다. 이를 통계검정과정에서 귀무가설을 활용해서 표현하면 다음과 같습니다. 예로, 실제로는 약효가 있는데 "약효가 없다는 귀무가설(약을 쓰나 안 쓰나 병세에 차도가 없음) 또는 영가설(H0: A=B)을 Reject(거절)하는 것을 Fail(실패)"한다고 말합니다. 즉 약효가 없다는 말을 두 번 돌려서 "약효가 없다는 가정이 틀렸다고 말하지 못하겠다"라고 표현하는 셈입니다. 결론적으로, 약효가 없다고 잘못 판단한 것입니다. 이 용법을 잘 습득하고 있으면 통계적 설명을 이해하는 데 매우 도움이 됩니다.

DECISION (의사결정) \ REALITY (진실)	Drug is effective (진짜 약)	Drug is not effective (가짜 약)
Reject H_0 ; decide drug is effective (효과 있다)	Correct Decision (Hit)	Type I Error (False Alarm)
Fail to reject H_0 ; decide drug isn't effective (효과 없다)	Type II Error (Miss)	Correct Decision (Corret Rejection)

그림 4-5 | 신호탐지이론과 Type I, Type II error와의 내용적인 연결성 (H_0 : 약을 사용했을 때의 결과 = 약을 사용하지 않았을 때의 결과)

4.2.2 통계 검정에서 가설을 사용하는 이유

모든 실험 연구는 매우 기본적이고 단순한 논리로 구성됩니다. 우리가 쉽게 이해할 수 있는 가장 기본적인 논리적 해결방법은 ○, × 문제를 푸는 것입니다. 복잡한 실험에서도 이 방법을 사용합니다. 가설이 맞냐 틀리냐의 2진법식 가설을 하나씩 풀어감으로써, 궁극적으로 복잡해 보이는 과학적 진실 truth-like-fact을 하나씩 밝혀 나갑니다. 그래서 통계에서 사용되는 모든 가설은 2진법의 원리를 따라서 둘 사이에 아무런 차이가 없다는 귀무가설 null hypothesis과 유의미한 차이가 있다는 대립가설 alternative hypothesis로 되어 있습니다. 말하자면 0 아니면 1입니다. 이처럼 매우 단순한 논리로 문제를 풀어나갑니다.

- 귀무가설 = 영가설 = H_0 = Null hypothesis = A와 B는 유의미한 차이가 없다. (no significant difference)

- 대립가설 = 대안가설 = H_1 = Alternative hypothesis = A와 B는 유의미한 차이가 있다. (significantly different)

4.2.3 민감도 Sensitivity와 편향성 Bias

진짜 신호 signal와 가짜 신호 noise를 구분하기 위해서는 두 가지 신호 간의 물리적 차이가 클수록 구분하기가 쉽습니다. 이러한 물리적 차이의 정도를 민감도 sensitivity라고 부릅니다. 그래서 Signal 그래프와 Noise 그래프가 서로 멀리 있으면 민감도가 높고 high sensitivity, 반대로 가까이 있으면 진짜와 가짜가 섞여 있어서 잘 구분이 어렵습니다 low sensitivity. 이때 Criterion Beta(β)는 신호와 가짜 신호를 판별하는 기준선입니다. 이 때 β값이 상대적으로 오른쪽에 있으면, 웬만하면 가짜 신호라고 판별하는 보수적인 conservative 의사 결정을 하게 되고, 반대로 왼쪽에 치우쳐 있으면 웬만하면 진짜 신호로 판별하는 관대한 liberal 의사결정을 하게 됩니다. 이러한 한쪽으로 치우치는 상태를

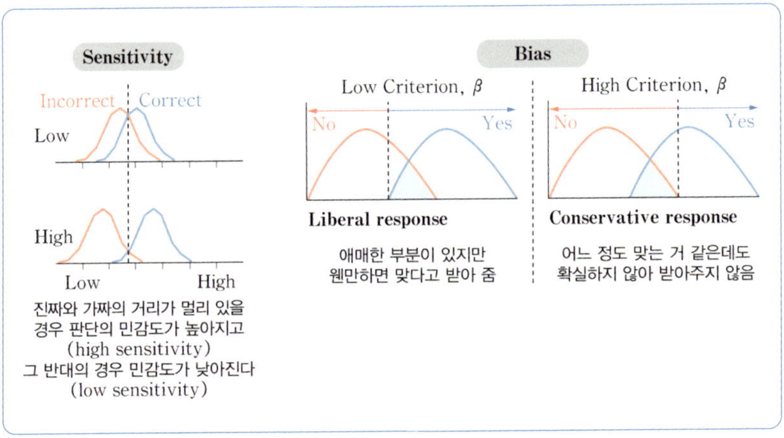

그림 4-6 | 민감도 (sensitivity)와 편향성 (bias)을 설명하는 확률분포 그래프

편향성[bias]이라고 부릅니다. 이 민감도와 편향성은 의사결정 기준을 분석하는 데 매우 중요한 개념이고, Type I error, Type II error의 원인을 분석하는 데도 사용됩니다. 반드시 숙지하고 있어야 의사결정 오류와 같은 인적오류[Humane error]를 정밀 분석할 수 있습니다.

4.2.4 Digital Health 영역에도 사용되는 개념

어느 정도면 Type I, Type II error가 충분히 고려된 정확한[accurate] 진단일지를 결정하는 기준이 있습니다. 이러한 기준은 현장에서의 의료진의 진단뿐 아니라, 건강보조기구에 사용되는 진단 기준에도 활용됩니다. 이때 기기의 진단 기준으로 정확도[accuracy]를 사용합니다. 정확도의 계산은 ROC[Receiver Operating Characteristic] 커브[7]의 아래 부분의 면적, 즉 AUC[Area Under Curve]를 진단 정확도로 사용합니다. 실제 환자를 진단하는데 사용되는 정확도는 일반적으로 0.75 ~ 0.9 이상입니다. ROC curve란 False alarm 또는 의학용어로 False positive로 진단된 확률을 X축, Hit 또는 의학용어로 True positive로 진단될 확률을 Y축으로 놓고, 다양한 진단의 경우를 그래프로 알기 쉽게 표현한 것입니다. 진단 정확도[accuracy]를 수치적으로 계산하기 위해서 민감도[sensitivity]와 특이도[specificity]를 사용합니다. 예로, 진짜 환자가 방문했을 때 이를 놓치지 않고 환자라고 진단할 확률을 민감도라고 하고 반대로 건강한 사람[비환자]이 방문했을 때 이를 건강하다고 (환자가 아니라고) 진단할 확률을 특이도라고 합니다. 이를 각각의 경우의 수에 따른 확률로 표현하면 다음과 같습니다.

---

7) Greiner M, Pfeiffer D, Smith RD. Principles and practical application of the receiver-operating characteristic analysis for diagnostic tests. Prev Vet Med 2000;45:23-41.

- TP True Positive : Hit의 경우, 진짜 환자를 환자라고 진단함
- FP False Positive : False Alarm의 경우, 건강한 사람을 실수로 환자로 진단함
- FN False Negative : Miss의 경우, 진짜 환자를 실수로 병이 없다고 진단함
- TN True Negative : Correct Rejection의 경우, 건강한 사람을 병이 없다고 진단함
- Sensitivity 민감도 = TP/(TP+FN) : 진짜 환자를 환자로 진단할 확률
- Specificity 특이도 = TN/(TN+FP) : 건강한 사람 비 환자을 건강하다고 비 환자 진단할 확률
- Accuracy 정확도 = TP+TN/(TP+TN+FP+FN) : 현재의 상태를 정확하게 진단할 확률

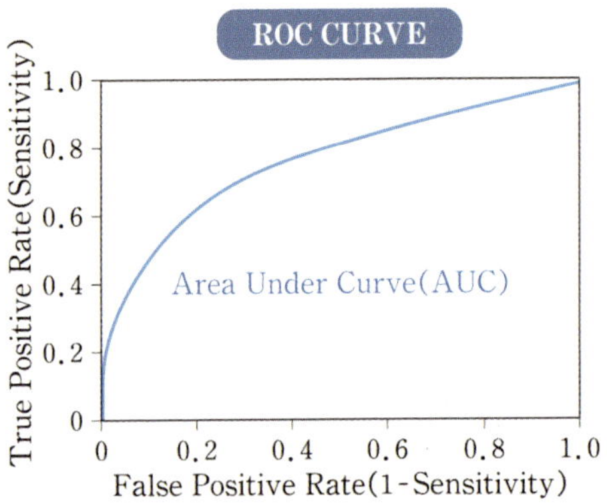

그림 4-7 | ROC curve와 AUC (https://www.statology.org/interpret-roc-curve)

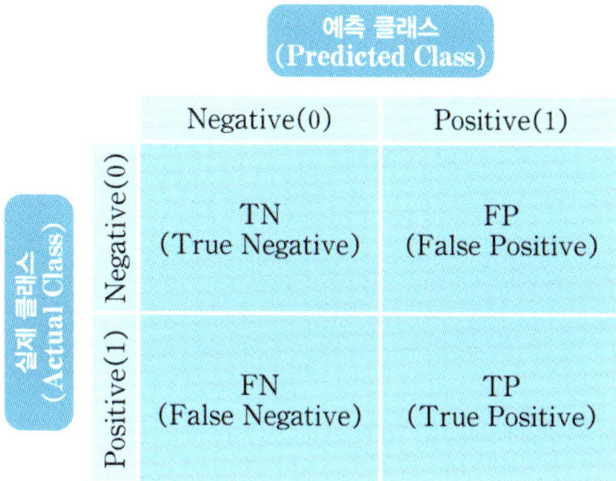

그림 4-8 | 정확도를 계산하기 위한 확률 용어. Negative : 병이 없음, Positive : 병이 있음 (https://rueki.tistory.com/66)

4.3
4장 주요 내용 복습

4.3.1 Key words

Signal/Noise, Type I / II error, Sensitivity/Specificity, Bias conservative vs. liberal

4.3.2 연습과제

1) 미래의 배우자를 선택하는데 있어 signal detection theory의 개념을 활용하여 conservative 한 전략과 liberal한 전략 간의 장단점을 이야기 해 보세요.

2) 위의 경우에 Type I error [배우자가 진실성이 없는데, 있다고 봄]와 Type II error [배우자가 진실성이 있는데, 없다고 봄]를 줄일 수 있는 판단의 전략이나 방법은 무엇인지 시나리오 방식으로 예를 들어 서술해 보세요.

3) 본인이 경증의 독감 의심 증상이 있다고 가정할 때 어떤 bias를 가진 의사를 만나는 것이 유리할 것인지 판단하고 이유를 기술해 보세요.

4) 본인이 암 발병의 의심 증상이 있다고 가정할 때 어떤 bias를 가진 의사를 만나는 것이 유리할 것인지 판단하고 이유를 기술해 보세요.

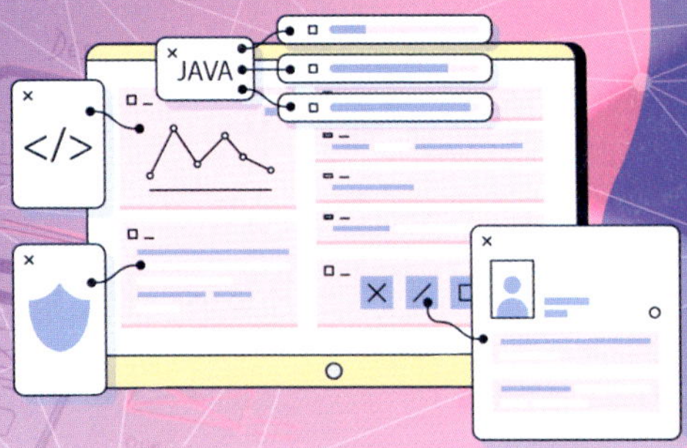

05

보이는 대로 믿어서는 안되는 이유

사람들은 일반적으로 정보의 70% 이상을 시각을 통해서 받아들인다고 합니다. 눈은 사람이 인식하는 정보의 대부분에 관여하고 있는 셈입니다. 그런데 만일 우리의 눈이 정보를 정확하게 뇌에게 전달하지 못한다면 어떤 일이 벌어질까요? 과연 우리의 눈은 정보전달에 어떤 문제를 가지고 있을까요? 그렇다면 어떻게 이러한 기능을 보완할 수 있을까요?

5.1
시각정보 왜곡 현상 optical illusion

5.1.1 기본적인 기하구조 인식의 오류

사람들은 일반적으로 똑바로 선을 긋는 것이 쉽지 않습니다. 그리고 사람의 눈은 직선의 길이를 감지하는 능력이 뛰어난 편이 아닙니다. 우리의 눈은 조금만 방해를 받으면 실제의 기하학적 형태와는 다르게 인식하는 경우가 있습니다.

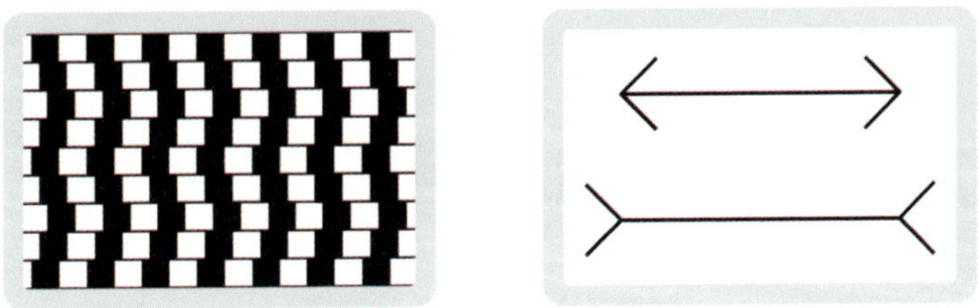

그림 5-1 | 평행선을 그렇지 않은 것으로 보이게 하는 경우와 같은 선 길이를 다르게 보이게 하는 경우의 예 (https://www.shutterstock.com/ko/search/optical-illusion-nature?image_type=vector)

5.1.2 인식 perception은 단지 그렇게 믿는 것일 뿐

Zöllner[8]가 보고한 시각적 왜곡현상을 당시 논문 편집장이었던 Poggendorff 1796-1977가 '직선이나 평행선이 주변의 이미지가 개입되

8) Zöllner F (1860). "Ueber eine neue Art von Pseudoskopie und ihre Beziehungen zu den von Plateau und Oppel beschrieben Bewegungsphaenomenen". Annalen der Physik. 186 (none): 500-25.

었을 때 왜곡되는 현상'으로 정의하였고 이를 Poggendorff illusion[9] 이라고 부르기 시작했습니다. 이때부터 정보를 더 정확하게 표현하기 위한 그래프가 오히려 인식의 오류를 발생할 수 있다는 사실이 본격적으로 논의되기 시작했습니다. 이것이 계기가 되어, 철학자들도 사람의 인식에 대한 새로운 생각을 갖게 되었고, 사람들의 인식 perception 이란 단지 그렇다고 생각하는 믿음과 같은 것 like belief 이라는 주장도 생겨났습니다. (Crane et al., 2016)[10]

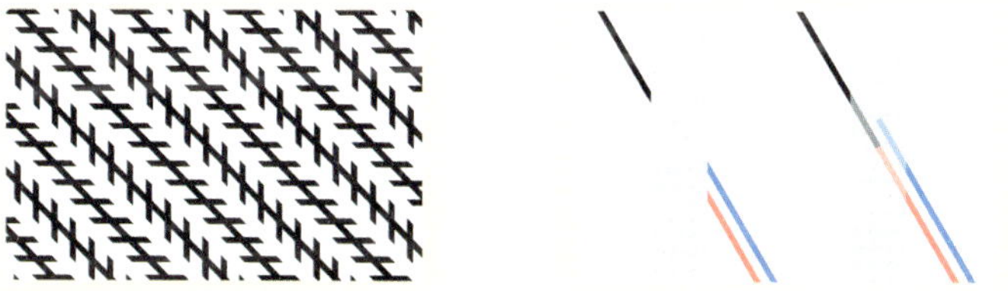

Zöllner illusion(1860) Poggendorf illusion(1860)

그림 5-2 | Zöllner가 관찰한 왜곡현상과 이를 이론화한 Poggendorff 왜곡현상 (https://en.wikipedia.org/wiki/Poggendorff_illusion)

5.1.3 시각적 오류를 극복하지 못하는 그래프

그래프는 복잡한 정보를 알기 쉽게 표현해주는 매우 유익한 수단입니다. 실제로 많은 정보들이 그래프를 통해서 사용자에게 전달됩니다. 그러나 그래프의 형태가 때로는 정보를 왜곡하는 경우가 있습니

9) Greist-Bousquet S.; Schiffman H.R. (1981). "The Poggendorff illusion: an illusion of linear extent?". Perception. 10 (2): 155-64.

10) Crane, T., and French, C., 2016. The Problem of Perception. In: Zalta, E. N., ed. The Stanford Encyclopedia of Philosophy. Metaphysics Research Lab, CSLI, Stanford University.

다. Poggendorff illusion 이외에도 그래프상에서 시각적 오류를 유발하는 사례들은 많이 있습니다.

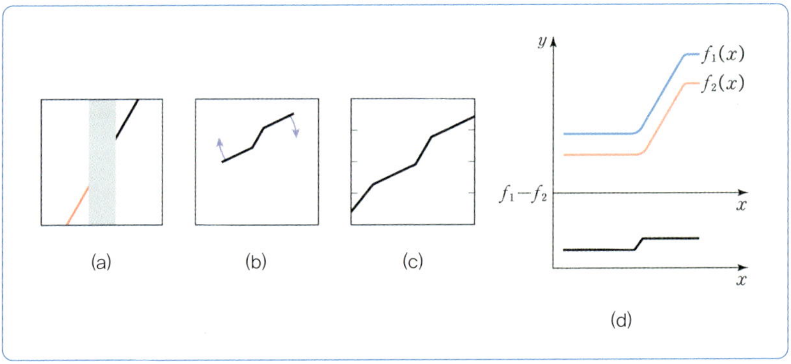

그림 5-3 | 왼쪽의 직선 사선 (a), (b), (c)는 경로가 왜곡되어 보이고 오른 쪽의 $f_1(x)$와 $f_2(x)$의 차이는 뒤로 갈수록 커지나 그림 상에서는 좁아지는 것처럼 보임 (Wickins and Hollands, 2000)

한편 그림이라는 것은 형태를 이해하는 매우 직접적이고 직관적인 도구입니다. 하지만 어떤 기하학적 형태를 사용하느냐에 따라, 그 그림 간의 차이를 구분하는 게 모호해질 수도 있습니다. 다음 그림에서는 1번에서 7번으로 갈수록 두 그림의 크기의 차이가 점점 더 모호하게 인식되어지는 것을 보여주고 있습니다.

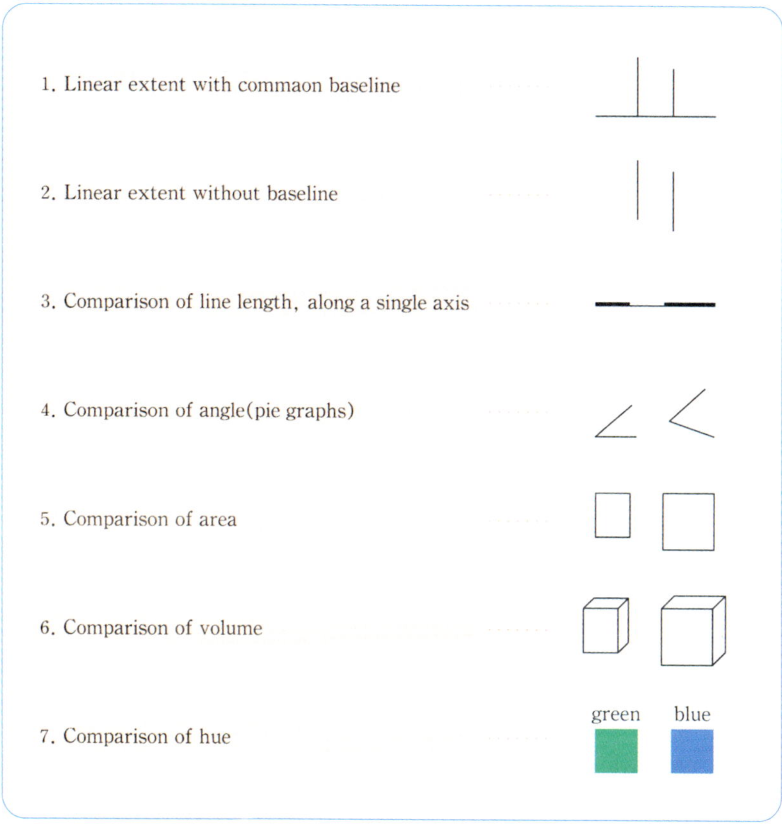

그림 5-4 | 비교를 위한 그래프의 종류에 따른 구분 효과의 차이 (Wickins and Hollands, 2000)

5.2 사람의 눈으로 정확하게 인식하기 어려운 정보들

5.2.1 3D 그림을 2D 평면에 표현하는 경우

크기, 거리, 깊이에 대한 인식의 모호함 perceptual ambiguity 은 3차원 공간을 2차원에 표현할 때 발생합니다. 2차원 평면에 표현되는 3차원 형태의 표현은 공간감과 입체감을 제공하여 시선을 끌기에는 좋지만, 실제로 기하학적인 형태를 구체적으로 이해하기 위해서는 더 긴 시간의 정보처리가 필요합니다.

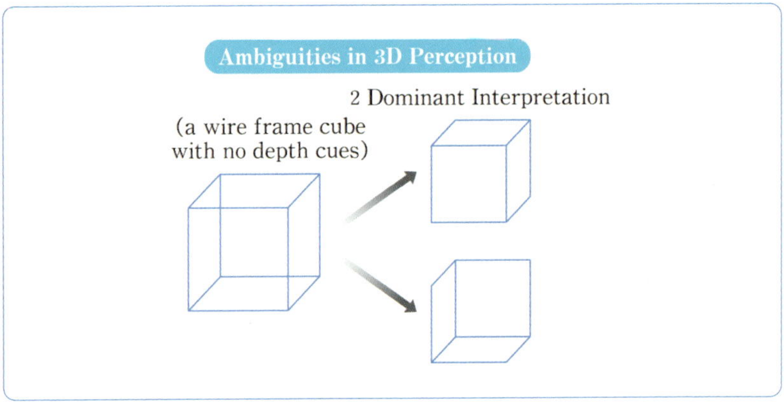

그림 5-5 | 3차원 그림이 평면상에 그려졌을 때, 입체적으로 다른 두가지 형태로 해석이 가능함 (https://slideplayer.com/slide/2956809/)

5.2.2 선이나 점의 유무에 따라 완전히 다른 형태로 인식이 가능

그림의 모호성은 예술적으로는 의미가 있지만, 정확한 형태의 정보를 전달하는데는 방해가 됩니다. 아래 그림에서 작은 선이나 점의 유무에 따라 전체적인 그림의 인식이 바뀔 수 있습니다. 즉, 패턴을 인식하는 우리의 눈은 작은 디테일의 변화에 따라 전체의 형태를 다르게 인식할 수도 있습니다.

그림 5-6 | 맨 왼쪽의 형상의 모호성으로 인해 사람에 따라 2번째 또는 3번째의 형태로 해석될 수 있음 (https://www.wheelofpersuasion.com/technique/ambiguity-aversion/)

5.2.3 순간적인 상황변화를 따라가지 못하는 시각적 인식

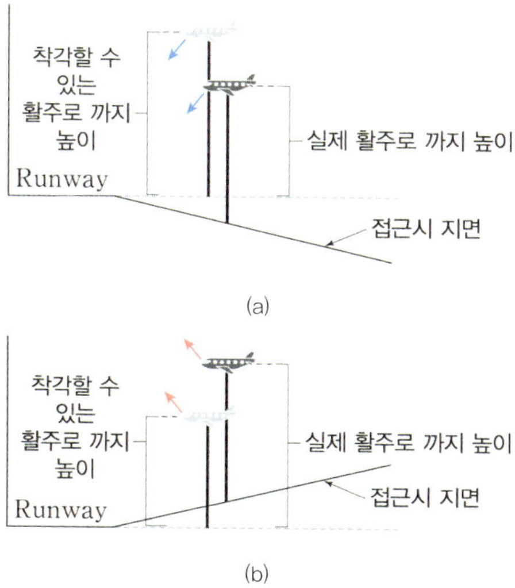

그림 5-7 | (a) 고도를 너무 빨리 낮추어서 활주로에 예상보다 빨리 터치 다운이 될 위험성이 있음 (b) 고도를 충분히 낮추지 않아 활주로에 예상보다 늦게 터치다운이 될 위험성이 있음 (Wickins and Hollands, 2000)

비행기 활주로 전방에 지면의 기울기가 존재하는 경우, 조종사는 눈으로 고도를 확인하기가 어렵습니다. 아래 그림의 예에서, 검은색 비행기 조종사는 활주로로 접근 중 지표면의 기울기가 갑자기 변화하는 것을 감지하기 어려우므로, 실제의 고도보다 높이 있거나 낮게 있다고 잘못 판단할 수 있습니다.

5.3
너무나 어려운 시공간 감각 Visual-Spatial ability

5.3.1 시각적 큐 Visual Cue가 필요한 공간인식

사람들은 일반적으로 입체적인 공간에 대한 인식이 어렵습니다. 그래서 공간감을 정확하게 인식하기 위해서는 보조적인 시각적 Cue가 필요합니다. 예로, 3차원 공간을 비행하는 비행조종사는 고난이도의 공간감각이 필요합니다. Pilot의 시각적 인식율을 높이기 위해 cockpit

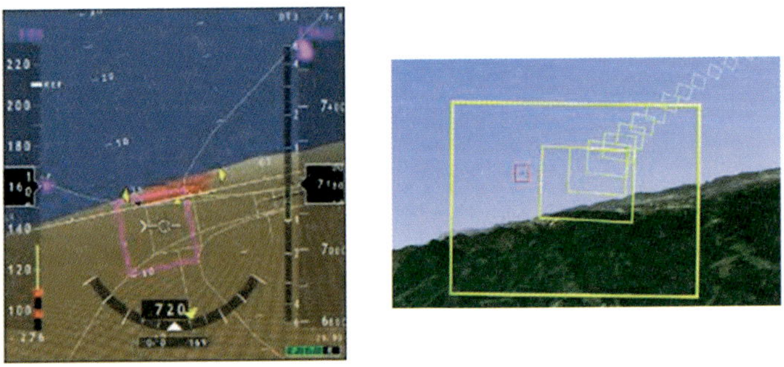

그림 5-8 | 공군 파일롯이 조정석에서 사용하는 Visual Cue의 예, 추가적인 선을 활용하여 기체의 움직임을 예측하는데 도움을 줄 수 있음 (Theunissen et al., 2005; Koyuncu et al., 2012)

에 가상의 주행 유도선을 그려줍니다. 이를 통하여 부족한 시공간 감각에서 비롯되는 사고를 예방할 수 있습니다.

5.3.2 3차원 공간의 움직임은 표현하기도 인식하기도 어려워

3차원 공간에서 물체의 움직임을 분석하는 것은 매우 어렵습니다. 공간상의 물체의 움직임을 표현하려면 2차원 평면상에서의 다양한 회전 rotation축을 사용해야합니다. 예를 들어, 비행기가 상승하면서 pitch 기체가 우측으로 회전하면서 yaw 옆으로 기울어지는 roll 것을 하나의 용어로 표현하기 어렵기 때문에, 3개의 2차원 평면 plane에서 기체의 회전량을 가지고 표현합니다. 우리는 3차원 공간에 머물러 있지만, 공간을 정확하게 인식하는데 어려움을 겪을 수 밖에 없는 뇌를 가지고 있습니다. 그러므로, 처음 방문한 건물 안에서 안내도를 보고 사람들이 목적지를 쉽게 찾지 못하거나, 많은 부품이 중첩해 있는 기계 수리를 매뉴얼을 보고 쉽게 해결하지 못하는 것이 매우 정상적이고 자연스러운 일입니다. 이것은 훈련을 통해서 어느정도 공간 인식 능력을 키울 수 있지만, 사고 예방을 위해서는 사람들이

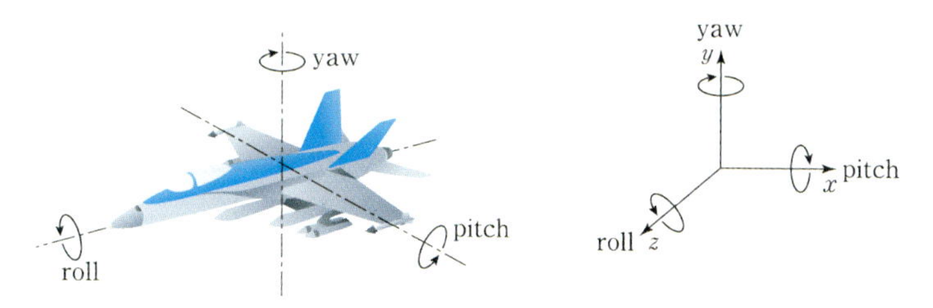

그림 5-9 | 3차원 움직임은 너무 복잡해서 3축으로 나누어 설명하지 않으면 우리 뇌가 이해하기 어려움 (Zaghdoudi et al., 2001)

공간인식 능력이 떨어진다는 것을 전제로 설계를 진행하는 것이 중요합니다.

5.3.3 뇌가 계산해야 하는 정보량의 차이?

물리적으로 3차원 공간에서의 물체의 위치와 이동을 분석하거나 예측하려면 수학적으로 많은 연산과정이 필요합니다. 인간의 뇌가 어떻게 위치이동을 인식하는 지에 대한 신경 생리학적 설명도 있지만, 정보처리관점에서 볼 때, 뇌가 공간상의 물체의 이동 경로를 추적하고 예측하기 위해서 엄청난 연산을 하고 있다는 것을 알 수 있습니다. 그렇다면 뇌의 3D 인식이 어려운 이유도 고도의 연산 computational demand을 위한 시간이 필요해서라고 추리할 수 있습니다.

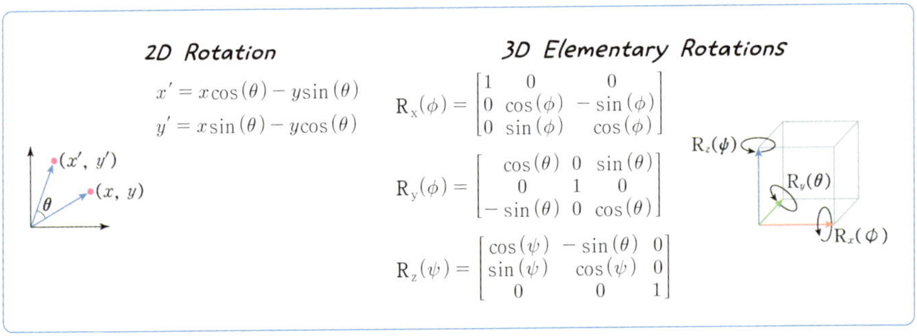

그림 5-10 | 2D와 3D 회전 (rotation)에 필요한 실제적인 연산량의 차이

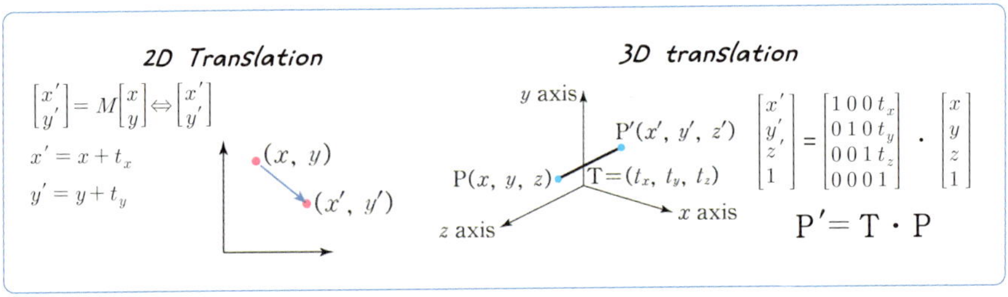

그림 5-11 | 2D와 3D 직선이동 (translation)에 필요한 실제적인 연산량의 차이

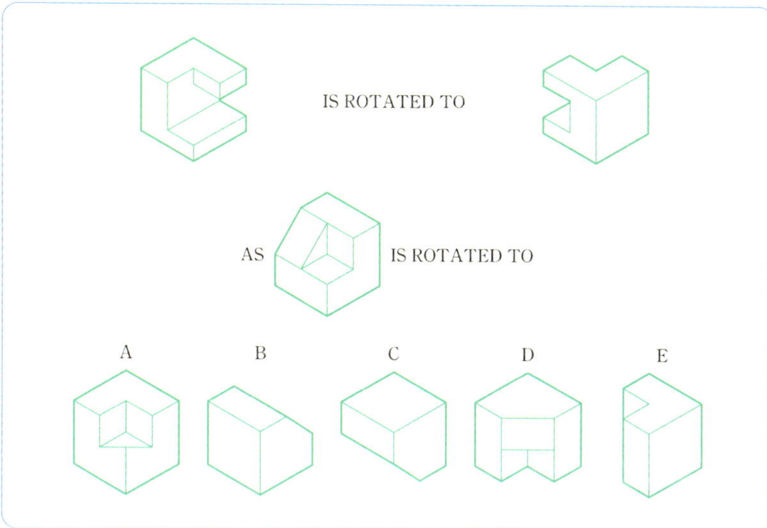

그림 5-12 | 맨 위 그림과 같이 두 번째 줄의 그림을 돌려놨을 때 맞는 그림을 세 번 줄에서 찾으시오. (정답은 B) 간단한 퀴즈이지만 사물에 대한 3차원 회전을 해야하는 경우 많은 양의 수학적 연산을 해야 하므로 시간이 걸림 (Molina- Carmona et al., 2018)

5.3.4 시각관성 visual momentum을 활용하면 정보 찾기가 쉬워진다

시각 관성을 잘 활용하면 시선의 위치를 자연스럽게 유도하거나, 정보 검색을 편안하게 하도록 도와줍니다. 시각 관성이란, 특정한 움직임 motion이나 방향 direction에 대해 시선이 머무르거나 시선 추적이 이루어지면, 마치 관성의 법칙이 적용되듯이 그 다음에도 비슷한 위치 또는 유사한 패턴의 시선 추적이 이루어진다는 것입니다. 이러한 시각관성이 잘 적용된 화면을 구성하기 위해서 선, 색, 패턴, 그리드 구성, 자연스런 흐름선 등을 사용하는데, 다음의 네 가지 사항을 고려하면 시각관성이 고려된 화면을 디자인할 수 있습니다.

1) 일관성 있는 그리드와 디자인 요소 사용 : 화면이 바뀌더라도 화면의 그리드 Grid나 색의 일관성을 유지합니다. 사용자는 화면 간

의 시선의 위치와 추적 패턴의 일관성을 유지할 수 있습니다.

그림 5-13 | 같은 모양과 색, 위치에 타이틀 블럭을 사용하여 연속된 내용이라는 것을 직관적으로 알 수 있고, 사용자의 시선이 자연스럽게 내용을 따라갈 수 있음 (https://webstyleguide.com/wsg3/8-typography/2-characteristics-of-web.html)

2) 사선 diagonal line이나 방향지시의 적절한 사용 : 다이나믹하고 역동적인 시각적 흐름을 만들기 위해 적절한 사선과 화살표등을 사용합니다.

3) 애니메이션을 활용한 화면 변환 transition : 화면간의 자연스러운 변환을 위해 약간의 애니메이션을 사용하면, 시선의 추적을 유도하고 화면의 역동감을 유지할 수 있습니다.

4) 유사한 여백 white space 활용 : 화면 여백을 일관되게 사용하면 시각적 피로감을 줄이면서 컨텐츠에 대한 위치 집중력을 높일 수 있습니다.

5.4

5장 주요 내용 복습

5.4.1 Key Words

Perceptual Inaccuracy, Visual Cue, 3D perception, Visual Momentum

5.4.2 연습과제

1) 시각적 착각을 일으키는 표시, 또는 인식의 모호성 perceptual ambiguity 을 유발하는 정보 등에 의해 잘못된 판단을 한 경우를 기술하고 그 원인을 분석해 보세요.

2) 첫 번째 질문에서 본인이 찾은 예, 또는 3차원 공간인지 과정에서 Visual Cue를 필요로 하는 상황의 시나리오를 구성하고, 어떠한 형태의 Visual Cue를 제공하면 좋을지 토의해 보세요.

3) 3D perception의 문제가 어떤 것이 있는지 토의해 보세요.

   예 화면을 보고 게임을 하는 중에 정확하게 물체나 공간을 인식하지 못해서 실패한 경우

4) 컴퓨터 화면 중에 Visual momentum 설계가 적용되지 않은 예를 찾고, 어느 부분이 구체적으로 잘못되었는지 지적해 보세요.

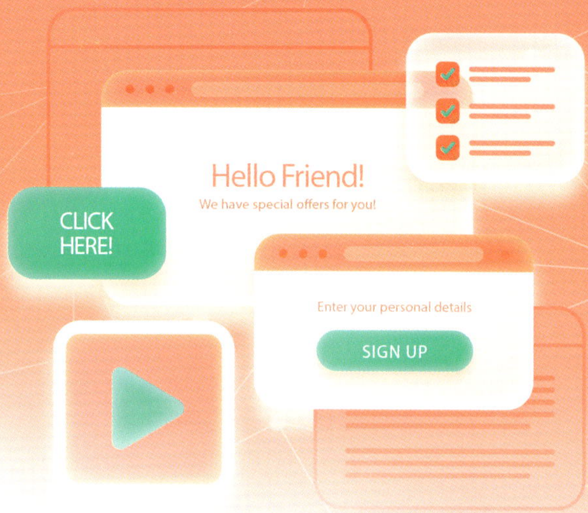

06

VR 인터페이스 설계를 위한 준비

VR 가상현실 기술은 빠른 속도로 발전하고 있습니다. 특히 VR은 시각 정보를 통해 사람들에게 새로운 경험을 제공하고 있고, 이러한 VR 경험이 사람에게 이로운지 아닌지를 검증해 보기도 전에 매우 매력적인 도구로 인식되고 있습니다. UX디자인 관점에서도, 향후 VR 인터페이스 디자인에 대한 시장의 요구가 많아 질 것으로 예상됩니다. VR과 관련된 기본적인 인지 심리학적 내용을 학습하고, VR의 미래 가능성에 대해 살펴 보겠습니다.

6.1 잘 보인다는 말의 의미는?

필요한 정보가 눈에 잘 보이게 만드는 것은 너무나도 당연한 일입니다. 가상세계의 3차원 공간에서 표시되는 다양한 정보 역시 당연히 잘 보여야 합니다. 그러나 표현할 수 있는 공간에는 일정한 한계가 있기 때문에 선택과 집중을 통해서 필요한 정보가 가장 잘 보이게 하는 것이 필요합니다. 특히 인터페이스 설계에 있어 잘 보인다는 의미를 가진 용어의 사용법에 대해 알아보겠습니다.

6.1.1 가시성 Visibility

사물이나 신호 및 글자들이 장애물이나 어두움, 눈부심 등의 장애 요인 없이 위치와 형태가 물리적으로 눈에 잘 보인다는 뜻입니다. 내용물이 보이느냐 안 보이느냐가 가장 중요한 경우입니다. 시인성이라는 말을 일반적으로 사용하기도 하는데, 구체적인 상황을 설명하고 분석하는 데는 한계가 있습니다.

그림 6-1 | 왼쪽 안내 팻말의 존재나 글자를 읽을 수 있는 가시성은 가까운 거리에서만 확보된 상태임. 오른쪽 도로 표지판은 나무에 가려 가시성조차도 확보가 되지 않은 상황임 (https://www.tripadvisor.com/LocationPhotoDirectLink-g41368-d13960702-i311226447-Confederate_Memorial_Park-Scotland_Maryland.html)

6.1.2 가인성 Legibility

신호 sinage, 그림 graphics, 문자 text들을 사용하여 중요한 의미와 정보가 쉽게 전달될 수 있게 만들어진 상태를 의미합니다. 짧은 시간에 중요한 정보를 정확하게 전달하기 위해서는 정보의 선택과 집중을 하기도 하고 다양한 전달 형태를 사용하기도 합니다. 인간공학적 표지판이나 도로안내판에는 주로 가인성을 담보하기 위한 디자인을 수행합니다. 시인성이란 용어를 사용하면 위에 기술된 가시성을 의미하는 것인지 가인성을 의미하는 것인지 불분명해질 수 있습니다. 결국 인터페이스 디자이너가 가장 많이 고려해야 하는 개념은 가인성 legibility입니다.

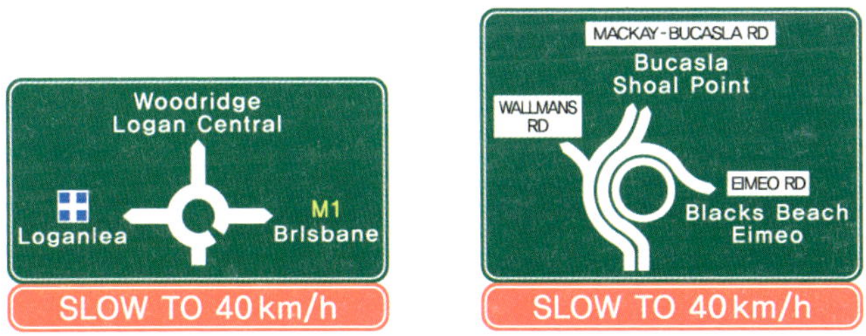

그림 6-2 | 왼쪽의 도로 표지판은 필요한 내용이 우선적으로 눈에 잘 띄게 설계하였고 오른쪽은 내용이 보다 자세하지만 복잡해 보여 눈에 빨리 들어오지 않는 경향이 있음

그림 6-3 | 왼쪽 글자는 가인성 (legibility)가 좋은 경우, 오른쪽은 배경색 때문에 인식 용이성이 떨어져 가인성 (legibility)이 낮은 경우임 (https://kettlefirecreative.com/legibility/)

6.1.3 가독성 Readability

단어의 표현 그대로 글자 하나 하나를 잘 읽어 낼 수 있는 정도로 만들어진 표지판이나 안내문 등을 만들 때 사용됩니다. 그러기 위해서는 글자의 크기, 갯수, 문장의 길이, 문법, 주변 조명 환경, 글자 간격, 폰트 등의 요건들이 적절하게 사용되어야 합니다. 자세한 정보

물질안전보건자료 MSDS 경고표지

그림 6-4 | 가독성을 확보하기 위해서는 글자 한자 한자가 쉽게 읽힐 수 있는 정도의 선명도와 크기를 가지고 있어야 하고 독해가 가능하도록 제대로 된 문법을 사용해야 함 (https://www.onoffmarket.com/shop/item.php?it_id=1458264492)

를 시간이 걸리더라도 정확하게 전달해야 하는 경우에, 가독성이 보장된 컨텐츠를 사용하는 것이 매우 중요합니다.

6.2
가상공간을 사용하는 사람들의 시각

6.2.1 Ego-, Allo-, Exo-centric reference

Ego-centric은 당연히 자신의 시각적 위치가 공간의 위치나 방향을 파악하는 기준점이 되는 경우입니다. Allo-centric은 자신 외의 물체나 landmark를 공간의 위치나 방향을 파악하는 기준점으로 사용하는 경우입니다. 이 두 시점을 사용하여 길찾기를 하는 경우 Route search라고 합니다. Exo-centric은 자신의 관점에서 벗어나 항공 관점이나 동서남북 좌표를 기준으로 공간의 위치나 방향을 파악하는 방법입니다. 이 시점에서 길 찾기를 하는 경우 Map search라고 합니다.

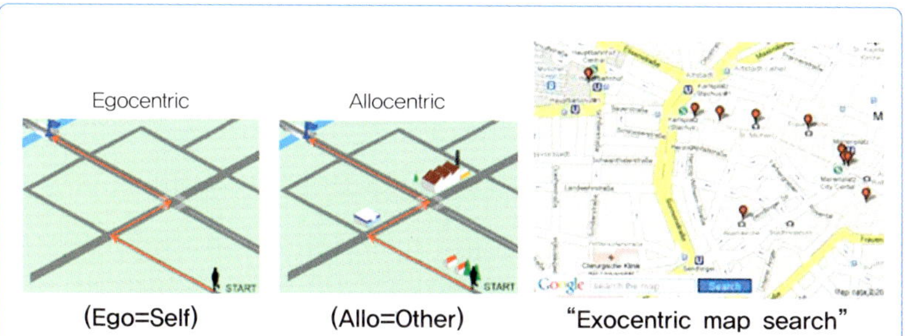

그림 6-5 | 왼쪽은 Route search에 사용되는 Egocentric과 Allocentric 시점. 오른쪽은 Map search에 사용되는 Exocentric 시점 (Miniaci and De Leonibus., 2018)

6.2.2 VR에 사용되는 사용자 시점: 1st person vs. 3rd person Point of View (POV)

3차원 공간에 대한 Ego-centric 시점도 시각의 위치에 따라 달라집니다. 가상공간의 시점을 결정할 때 어떤 위치가 가상공간의 목적과 더 일치하는지 고려하여야 합니다. VR화면에 어떤 관점(POV)를 사용하느냐에 따라 몰입도(intensity of immersion)가 달라지는 것을 경험할 수 있습니다.

그림 6-6 | 1st Person 관점 (https://www.istockphoto.com/kr/first-person-view: 좌), 3rd person 관점 (https://www.gosunoob.com/cyberpunk-2077/third-person/: 우)

6.2.3 AR 네비게이션

AR을 활용한 네비게이션을 설계할 때는 Ego-centric과 Allo-centric 시점을 동시에 사용하여 사용자의 Route를 보여주고, 주변의 landmark 건물 이름을 제공하는 "Dual Map"의 형태를 가지고 충분한 정보를 제공합니다. 이때 주의할 점은 너무 많은 정보가 표시되어서 혼란스러워 보이는 현상(clutter)이 나타나지 않게 하는 것입니다.

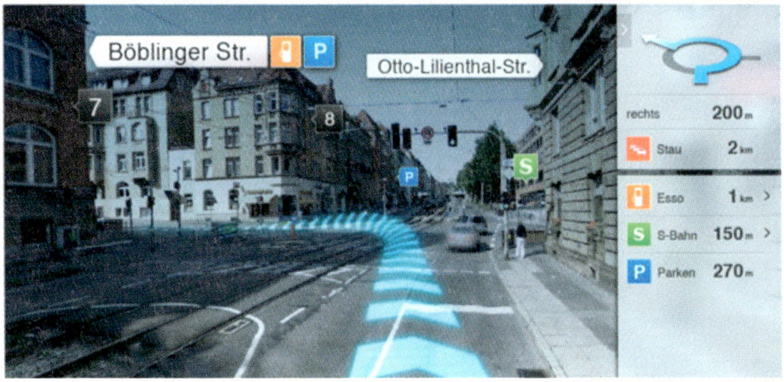

그림 6-7 | Route (Ego-centric)와 주변 건물 (Allo-centric)을 동시에 보여주는 AR 네비게이션 (https://www.pinterest.co.kr/pin/250090585542123384/)

그림 6-8 | "Clutter" 현상이 보여 정보 혼란을 경험하게 하는 AR 네비게이션의 예 (https://www.inews24.com/view/867195)

6.2.4 VR, AR, MR, XR의 정의

VR

VR Virtual Reality 은 사용자가 완전한 가상환경을 경험하게 하는 기술이고 가상현실이라고 번역됩니다. 이렇게 번역되는 현실 Reality 이라는 단어는 가상Virtual이라는 단어와는 상충되는 말입니다. 가상 세계를 현실 세계처럼 느끼게 만든다는 은유적 표현입니다. 그래서 보다 합리적인 표현은 가상환경Virtual Environment입니다. 이 책에서는 두 가지 번역을 다 사용합니다.

AR

AR Augmented Reality은 현실세계에 가상적인 요소를 추가하는 기술이고 증강현실로 번역됩니다. 대표적인 예는 가상환경 화면과 실제 현실 장면을 카메라를 통해서 오버랩overlap 시키는 경우입니다. AR을 사용하는 경우, 현실적인 정보를 기본으로 하기 때문에 VR과 같이 모든 정보 환경을 가상화하는 비용을 들이지 않고도 유용한 도구로 사용될 수 있다는 장점이 있습니다. 이 부분이 AR과 VR을 구분하는 매우 중요한 차이입니다.

그림 6-9 | 증강현실(augmented reality)의 예: 왼쪽은 현실화면을 인식하여 추가적인 정보가 증강된 경우. 오른쪽은 현실공간 화면을 카메라가 보여주고, GPS 좌표를 인식하는 순간 가상의 피카추가 화면에 보이도록 설계한 경우 (https://blog.naver.com/ezpbill/221173010153: 좌), (https://savage.ly/blog/: 우)

MR

MR Mixed Reality, Merged Reality은 가상환경 안에서, 다양한 VR, AR 기술을 사용하여 상호작용 interaction이 가능하게 만드는 기술입니다. 혼합현실로 번역되고, 가상환경에서 사람이 기어 VR gear, VR headset를 착용한 상태에서, 동작 센서를 포함한 다양한 센서 감응을 통한 인터랙션 interaction이 가능한 환경을 구현해 놓은 것을 의미합니다. 대부분의 VR 운동기구, VR 게임기구들이 이러한 기능을 사용하고 있습니다. 기본 바탕이 되는 화면은 가상 환경이고, 필요에 따라 현실 장면이나 가상화면이 중첩되기도 합니다. 이 단계부터는 기술적인 구분보다는 다양한 가상환경 기술이 어떻게 응용되었는지가 중요한 관심사입니다.

그림 6-10 | 현실세계 환경에 3차원 가상물체가 동시에 존재하는 것처럼 보이게 함. 이 때 가상물체와의 상호작용(interaction)이 가능하게도 함. 기술적으로는 3D VR 기술과 Human-Computer Interaction 기술이 합쳐진 형태임 (https://www.theguardian.com/society/2016/nov/17/medical-trainers-look-to-virtual-reality-tech: 좌), (https://blogs.windows.com/windowsexperience/2018/03/08/how-mixed-reality-is-changing-the-game-for-healthcare-from-performing-live-surgeries-to-delivering-ultrasounds-in-3d/: 우)

XR

XR Extended Reality은 기술적인 차이를 의미하기보다는 모든 VR 기술이 우리의 삶의 영역을 확장시켜 준다는 의미로 사용합니다.

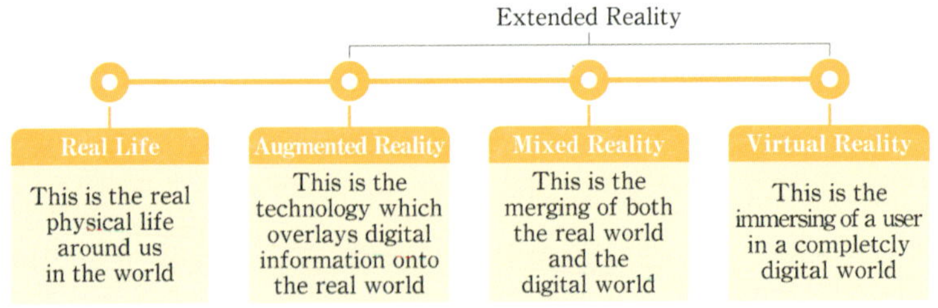

그림 6-11 | XR은 특정 기술을 의미하지 않고 가상현실 기술이 사용되는 정도에 따라 삶의 영역이 확장될 수 있다는 개념임 (https://controlsoftware.eu/index.php/2019/02/22/extended-reality- market-growing/)

실감형 콘텐츠

가상현실의 실재감, 현실감을 증가시키기 위해, 홀로그램 기술, 무선센서, 웨어러블 장치, 로봇 기술 등을 사용합니다. 이런 도구로 만들어진 창작물을 실감형 콘텐츠 Immersive Contents, Realistic Contents라고 하고, 이는 이제까지 경험했던 콘텐츠와는 차별화된 가상 컨텐츠를 제공하여 사용자의 새로운 경험을 만들어냅니다.

그림 6-12 | 가상현실 기술을 활용하여 실재감과 현실감을 느낄 수 있도록 도와줄 때 실감형이라는 호칭이 붙게 됨 (https://www.techm.kr/news/articleView.html: 좌), (https://www.koreascience.or.kr/article/: 우)

메타버스 Metaverse

직역하면 초월적인 내가 사는 또 다른 우주입니다. 사람들은 가상환경 기술의 도움으로 다른 세계에 존재하는 듯한 경험을 하게 됩니다. 현재는 다양한 Cyber space를 경험하는 수준이지만, 이것이 무한 확대된다면, 내가 사는, 즉 나의 아바타 Avartar가 사는 세상이 새로운 우주와도 같이 확장 될 수 있다는 취지로 메타버스 Metaverse라는 용어가 사용됩니다. 기술적으로는 위에 언급한 다양한 가상환경 기술이 집합적으로 활용될 수 있는 통합 소프트웨어 플랫폼을 의미합니다.

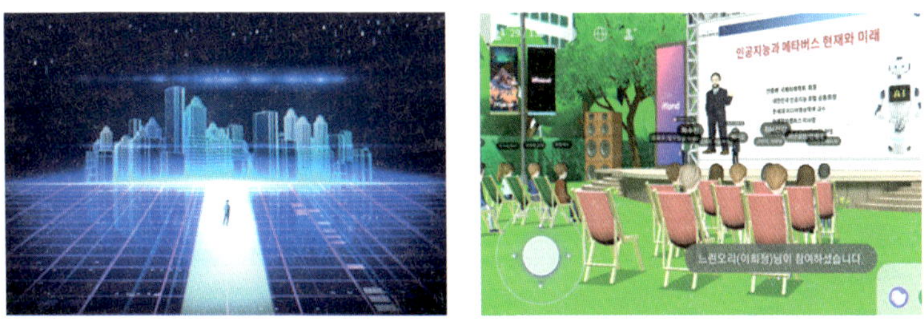

그림 6-13 | 왼쪽은 메타버스 세상의 이미지. 오른쪽은 아바타가 참여하는 메타버스 컨퍼런스 (내외통신, 2022.6.14)

6.3

삶의 전 영역을 바꾸고 있는 VR 기술

6.3.1 나의 아바타가 활동하는 세상

Avartar service

사진을 통해 본인과 유사한 얼굴의 아바타를 만들 수 있고, 3D scanner로 측정된 인체 데이터를 사용하여 사용자의 몸과 유사한 아바타를 만들 수 있습니다.

그림 6-14 | 실제적인 데이터에 근거한 얼굴 아바타와 신체 아바타의 예 (https://play.google.com/store/apps/details?id=com.mirrorai.app&hl=ko: 좌), (https://twitter.com/i/events/1355513385392156674: 우)

Avartar with Bio data

실제로 존재하는 사람의 데이터를 VR 환경의 아바타에게 제공할 수 있습니다. 자이로센서 gyro sensor, 가속도센서 accelerometer 등을 사용한 동작 정보, 그리고 뇌파, 심전도, 피부온도 등의 생체 신호 정보가 아바타에게 공유될 수 있습니다.

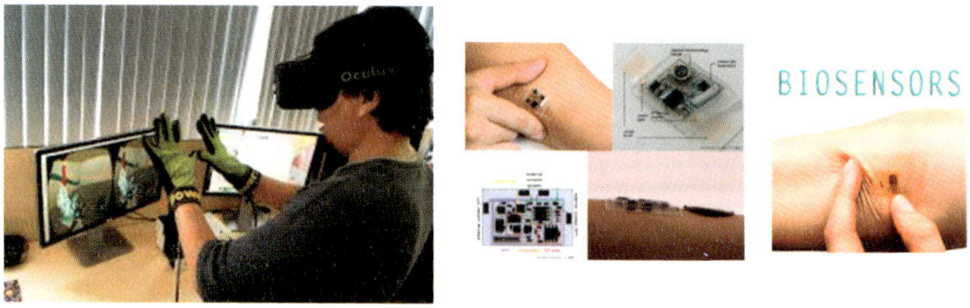

그림 6-15 | 센서를 사용하여 손동작을 아바타와 공유하거나 개인의 생체정보를 무선으로 아바타에 전달하는 예 https://phys.org/news/2015-11-glove-cold-virtual-reality-apps.html: 좌), (Kim et al., 2021: 우)

BCI Brain Computer Interface and VR

뇌가 반응하는 신호EEG를 활용하여 신호의 패턴을 분석하여 해석하여 이를 사용하는 BCI 기술은 장애인들이 컴퓨터와 상호작용을 하는 것을 도와주는 기술로 활용되고 있습니다. 이러한 기술이 아바타와 함께 VR 환경에서 응용되는 경우, 다양한 서비스가 가능해질 수 있습니다.

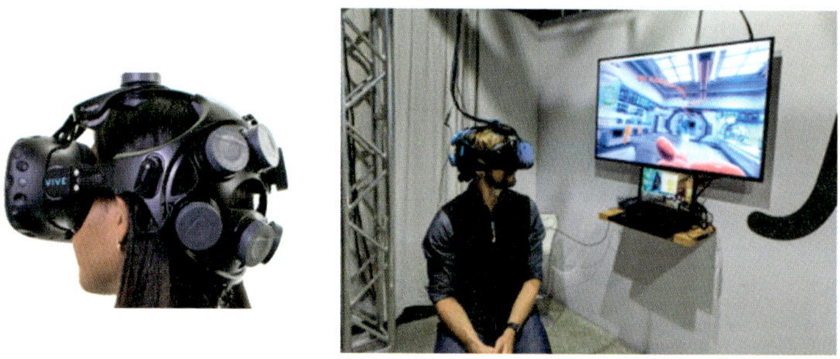

그림 6-16 | 뇌파를 측정하기 위한 센서가 장착된 VR기어와 이를 활용한 화면의 예 (Neurable's BCI headset for HTC VIVE)

6.3.2 새로운 실감형 레저, 스포츠 체험

4D theater/hologram

파노라마 화면 또는 360도 돔형 화면을 사용한 3D 입체 영상에 더해, 진동, 수증기, 바람 등 추가적인 감각 자극을 활용한 체험형 영화 감상 또는 비디오 게임을 할 수 있습니다. 한편 홀로그램을 활용한 공연은 관중들에게 유명 가수나 배우를 직접 만나는 듯한 새로운 체험을 하게 해줍니다.

그림 6-17 | "Live 360"으로 불리는 체험형 영화관에서 보여주는 화면과 홀로그램을 활용한 2NE1 공연 (https://commons.wikimedia.org/wiki/File:2NE1_everland_3D_pavilion_2013.jpg#/media/)

Dynamic VR for entertainment

Dynamic한 놀이기구와 VR과의 창의적인 융합을 통해, 새로운 놀이공원의 비즈니스 모델이 만들어질 수 있습니다.

그림 6-18 | VR과 접목된 놀이기구들은 새로운 신체적 즐거움을 경험하게 함(https://techtrends.tech/tag/location-based-entertainment/: 좌), (https://www.quytech.com/blog/virtual- reality-for-the-entertainment/vr-2/: 우)

VR in sports and wellness

골프, 축구, 테니스 등 구기 종목의 운동도 가상 공간에서 이루어지고 있습니다. 또한 개인 건강관리를 위한 분야에도 VR 기술이 사용되고 있습니다. 운동 경기장 관람도 가상 환경을 활용하여 마치 현장에 있는 것과 같은 체험을 하게 할 수 있습니다.

그림 6-19 | 다양한 스포츠 활동과 실감형 경기관람이 가능 (http://medium.com/iquii/virtual-reality-the-killer-application-that-will-change-our-sports-watching-experience-40ac4b5110bc: 좌), (http://koreabizwire.com/patents-for-vr-sports- on-the-rise/137807: 우)

6.3.3 새로운 교육, 훈련, 의료 도구

VR in education

VR기기를 사용하여 체험하는 3D 콘텐츠로 인해 공감각 능력이 향상될 수도 있고, 현장에서만 체험이 가능한 다양한 콘텐츠를 수업 현장에서 체험할 수 있도록 도와 줄 수 있습니다. 그러나 이러한 교육과정이 성장기 어린이와 청소년들에게 어떤 장기적인 영향을 미치는지는 아직 충분히 연구되지 않았습니다. 새로운 콘텐츠 개발과 더불어 콘텐츠가 인지능력에 미치는 영향에 대한 연구도 활발히 지속되는 것이 바람직합니다.

그림 6-20 | VR기기를 활용한 수업을 통해 다양한 콘텐츠의 이해를 증진시킴 (https://www.eduporium.com/blog/eduporium-weekly-ar-and-vr-in-education/ 좌), (https://koreabizwire.com/patents-for-vr-sports- on-the-rise/137807: 우)

VR in military training

다양한 전투 훈련을 부상과 비용을 최소화한 상태에서 수행할 수 있습니다. 전투 상황을 시뮬레이션하거나 전투 상황에 필요한 훈련을 VR기기와 보조 기구들을 사용하여 실시할 수 있습니다.

그림 6-21 | 다양한 전투 상황을 제공할 수 있고 사격훈련이 가능함. 비행조종 시뮬레이션이 가능함 (https://www.etterretningen.no/tag/big-data-visual-analytics/: 좌), (https://www.wearethemighty.com/mighty-culture/air-force-pilots-train-vr/: 우)

VR in medicne

VR을 활용하여 해부학을 포함한 신체 형태와 기능에 대한 학습을 효과적으로 수행할 수 있습니다. 또한 외과적 수술을 시행하기 전에 시뮬레이션을 해 봄으로써 수술 성공률을 높일 수 있습니다.

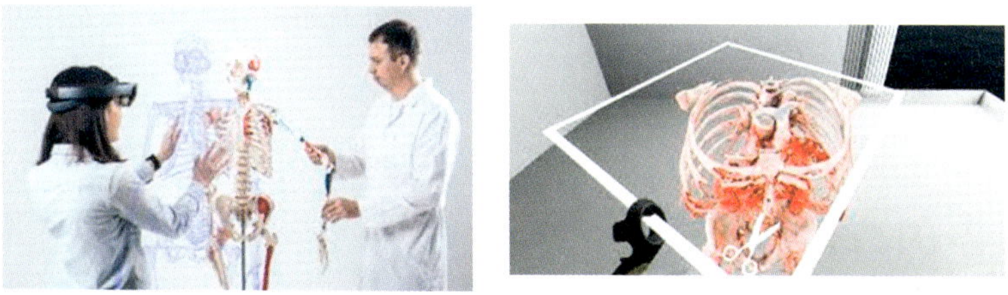

그림 6-22 | 근골격계 해부학을 MR기술을 활용하여 학습함. 수술전 환자의 상태를 3D VR화면에서 분석하고 정밀한 수술 계획을 세울 수 있음 (https://gravityjack.com/news/ar-vr-madical-training/: 좌), (https://healthcare-in-europe.com/ en/news/virtual-reality-helps-in-surgical-planning.html: 우)

6.3.4 새로운 비즈니스, 관계형성을 위한 도구

VR in business application

비즈니스를 위한 계약체결, 원거리에 거주하는 비즈니스 파트너와의 다자간 면대면 회의 등을 가능하게 해 줌으로써, 장소의 제약을 넘어선 글로벌 비즈니스를 더욱 더 원활하게 도와주는 기능을 할 수 있습니다.

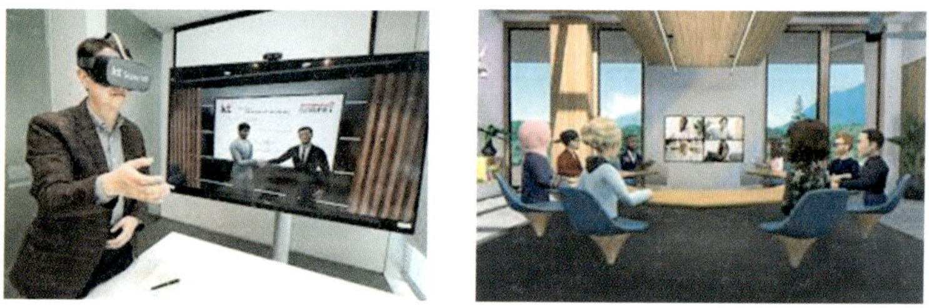

그림 6-23 | (https://www.ajudaily.com/view/20200408121045693: 좌), (https://nypost.com/2021/08/19/facebook-launches-virtual-reality-business-meetings: 우)

VR in social life augmented

현실에서는 불가능한 사회적 활동을 가능하게 해줍니다. 거동이 불편한 장애인들의 활동범위를 무한대로 넓혀주고, 가보기 어려운 장소를 갈 수 있고, 같이 모이기 어려운 친구들이 모일 수 있습니다. 자신만의 아바타를 사용하여 가상공간에서 다양한 활동에 참여할 수 있습니다.

그림 6-24 | VR환경에서 친구들과 같이 새로운 장소로 여행을 가기도하고, 자신의 아바타는 VR 환경에서 시간적 지역적 제한 없이 사회활동과 여가활동을 유지할 수 있음 (https://innovation-village.com/vtime: 좌), (https://www.kingone-design.com/en/biog/AR_VR_BigBrand_Application: 우)

VR in telecommunication

현재의 스마트폰을 활용한 소통방식에서 VR기기를 활용한 영상통화에서 진보된 형태의 실감형 소통이 가능합니다. 기기의 보급이 지금보다 활성화되고 간편해지면 유선전화가 스마트폰이 되듯이 VR을 활용한 소통이 일상이 될 수 있는 시간이 올 것입니다.

그림 6-25 | 스마트폰과 VR기기의 조합이 새로운 생활속 실감형 미디어제품으로 발전할 가능성이 있음 (https://www.dreamstime.com/: 우)

6.3.5 고비용 공학적 문제 해결의 도구

VR in construction

건물내에 설치해야 할 복잡한 구조물이나 설비를 사전에 MR 환경에서 구현하여 문제점이나 적절성을 검토할 수 있습니다. 이를 통해 구조물의 안전성과 이를 확보하기 위해 지불해야하는 비용을 절감할 수 있습니다.

그림 6-26 | AR을 활용한 구조물 분석 또는 MR환경에서의 구조물 분석 (https://www.nytimes.com/2019/11/08/realestate/how-virtual-reality-is-augmenting-realty.html: 좌), (https://miron-construction.com/e-newsletter-articles/virtual-reality-creating-a-truly-immersive -experience/: 우)

VR in maintenance

3차원 영상을 활용한 Maintenance 시스템 관리는 오래전부터 시행되어 왔습니다. 비행기와 같은 복잡한 기기에 문제가 생겼을 경우, 센서와 영상을 통한 진단과 수리는 매우 효율적입니다. MR을 활용하여 문제가 된 기기의 파트를 직접 보고 진단, 수리할 수 있는 시스템은 현장에서 엄청난 비용과 시간을 절약해 줍니다.

그림 6-27 | 복잡한 설비의 관리를 위해 MR시스템을 활용 (https://www.telekom.com/en/company/details/augmented-reality: 좌), (https://www.acadereality.com/Industries-Manufacturing.pho: 우)

6.4 VR의 한계: 멀미 sickness

6.4.1 멀미의 원인

몸의 움직임으로부터 전달되는 전정기관의 정보 인식과 VR 기기로부터의 시각적 정보인식의 불일치에서 발생한다고 합니다. 멀미는 단순한 어지럼증 뿐 아니라, 구토, 구토, 식은땀, 입마름, 심박수 및 혈압 변화, 위장관 운동 증가 또는 감소 등 졸림, 두통이 수반되기도 합니다.

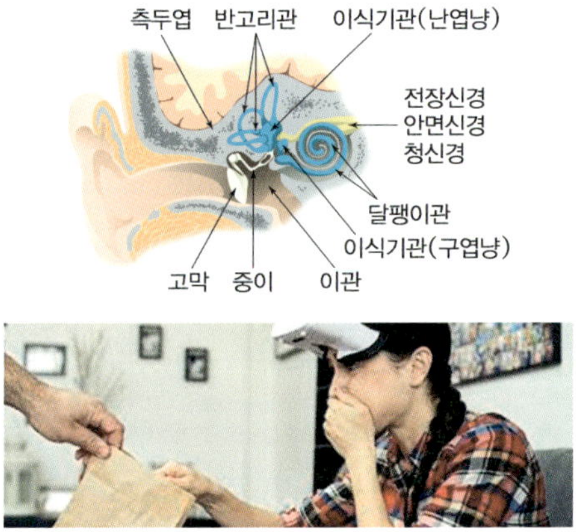

그림 6-28 | 몸이 움직이면 림프액도 함께 따라 움직이고 이를 통해 반고리관의 림프액이 세 곳으로 흘러 회전상태를 감지함. 시각정보와 신체가 감지하는 정보가 충돌하는 경우에 멀미가 발생할 수 있음 (https://m.kmib.co.kr/view.asp?arcid=0923835561)

6.4.2 VR기기에서 멀미 감소방법

VR기기 화면에서 보이는 주변 시야를 감소시키거나, 시야의 움직이지 않는 기준점을 제공하여 시선의 움직임을 최소화하는 방법이 있다.

그림 6-29 | 왼쪽은 주변시야를 감소시킨 경우. 오른쪽은 중하단에 코모양의 기준점을 주여 시선의 안정성을 높여주는 경우 (https://spectrum.ieee.org/dynamic-field-of-view-restriction-makes-virtual-reality-less-barfy: 좌), (https://theconversation.com/turns-out-the-answer-to-virtual-reality-sickness-is-right-in-front-of-your-face-41482: 우)

6.4.3 VR 제작시 해결해야할 과제

VR은 현재 검증이 진행 중인 방법입니다. 향후 고려해야할 이슈는 VR장기 사용에 대한 부작용, 사용 중 신경 발작의 우려, 소아들의 인지 발달 영향 여부, 착용시 안전사고 (시야 방해로 걸려 넘어짐), 착용 압박감 및 피부 접촉 시 불편함, 반복스트레스 증후군, 주변장비와의 간섭 등이 있습니다. 다음은 VR 제작을 위해 고려해야할 과제입니다.

1. 고해상도 3-D 그래픽을 만들기 어렵고 real time으로 갈수록 비용이 듦
2. 화면상의 왜곡 virtual space effect이 심함
3. 시야각 field of view이 좁음
4. 메스꺼움, 어지러움, 방향 상실 등 motion sickness, cyber sickness을 유발시킴. 뇌건강에 미치는 영향에 대한 데이터가 부족함
5. 콘텐츠와 기기 개발이 다학제적으로 동시에 이루어져야 하므로 기업간의 협업이 필요함

6.5
6장 주요 내용 복습

6.5.1 Key Words

Legibility, Ego/Allo/Exo centric view, VR/AR/MR/XR, VR Sickness

6.5.2 연습과제

1) Legibility가 떨어지는 사례를 예를 들어 토의하고 이를 개선하기 위한 방법을 무엇인지 제안해 보세요.

2) 길을 잃었던 에피소드를 이야기하고 그때 무엇이 문제였는지 학습한 용어를 사용하여 분석해 보세요.

3) 사람들은 왜 VR 환경에 대해 호기심을 갖고 그것을 쉽게 수용할 수 있는지, 또는 새로운 VR 기술은 어디까지 발전할 수 있을지 본인의 상상과 생각을 기술해 보세요. (정답 없음. 충분히 상상해 볼 것)

4) 미래에 새로운 VR 환경이 본인의 삶에 어떤 영향을 미칠지 상상해보고서 기술해 보세요. (정답 없음. 충분히 상상해 볼 것)

07

기억이 필요없는 친절한 디자인

인터페이스가 점점 더 복잡해지는 전자기기를 사용하기 위해서는 기억해야할 내용이 점점 많아집니다. 이를 보완하기 위해서는 인터페이스 설계에서 가능하면 적은 기억용량을 사용하도록 해야 합니다. 사람의 기억의 특성에 대해 알아봅시다.

7.1
뇌가 기억하는 방법

기억은 크게 작업기억과 장기기억으로 나뉩니다. 이는 기억의 보존 기간에 따른 분류이고 3장에서 언급되었습니다. 기억의 내용에 따라서도 기억을 분류해 볼 수 있습니다. 우선 기본적으로 사람들은 말 또는 언어 verbal contents의 형태로 기억하거나, 공간의 형태 또는 이미지 spatial contents로 기억합니다. 이러한 기본적인 기억의 단위가 조합되어 장기기억으로 변환될 때는 순서적 방법 procedure, 정의나 선언적 내용 declaration, 구조 organization, 정신모형 mental model 등의 형태로 저장됩니다.

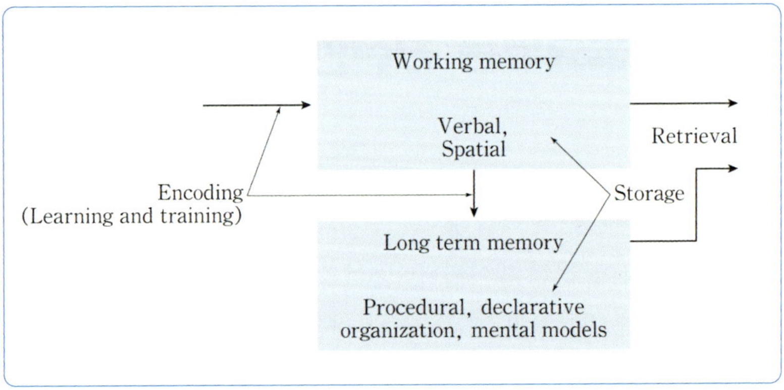

그림 7-1 | 기억이 이루어지는 과정, 구조 및 다양한 기억의 형태

7.1.1 근육기억 Muscle Memory

근육기억이라는 말은 마치 반복적인 훈련에 의해 근육이 움직임을 기억하고 있는 듯하여 붙여진 이름입니다. 실제로 근육에 뇌와 같은

기억을 전담하는 부위가 있는 것은 아닙니다. 그러나 뇌에서 명령하여 동작하는 것보다 더 빠르고 정교한 동작을 근육자체에서 만들어내기 때문에, 그 정확한 기전을 알지 못하지만, 관찰된 현상에 대해 붙여진 이름입니다.

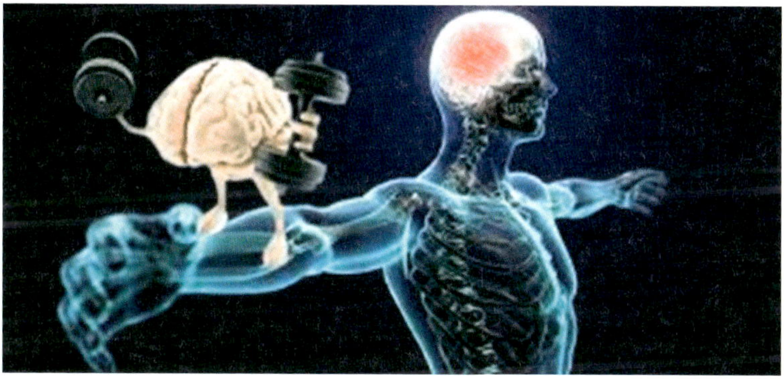

그림 7-2 | 근육기억은 신경생리학적으로 설명이 되지 않는 신체의 현상임. 마치 근육이 동작을 기억하고 있는 것 같은 현상이 관찰됨 (https://msksportsinjuryclinic.co.uk/blog/what-is-muscle-memory/)

7.1.2 운동감각작업기억 Kinesthetic Working Memory

근육기억의 영역에 속하는 형태로 동작에 대한 작업기억을 의미합니다. 사람들은 새로운 동작을 배우더라도 잠시 후면 잊어버리는 경향이 있습니다. 어러한 이유 때문에 작업기억이라는 명칭이 사용됩니다. 이때 반복을 통한 학습을 하게 되면 장기기억에 저장이 되는 것과 같은 현상이 일어납니다. 특히 공간인식에 대한 학습과 위치와 정형화된 동작을 반복학습함으로써 운동과 감각에 대한 장기 기억을 만들어 갑니다.

그림 7-3 | 반복적인 손동작을 통해서 정교한 손놀림을 기억할 수 있음. 이러한 현상을 이용하여 재활 또는 고도의 난이도가 높은 동작을 학습하게 함 (https://www.shutterstock.com/ko/video/clip-10131560-young-female-art-student-sculpting-pottery-clay)

7.1.3 전문가의 기억 Expert Memory

전문가들은 마치 방대한 양의 정보를 기억하고 있을 뿐 아니라 수시로 그 정보를 꺼내어 쓸 수 있는 능력을 가지고 있습니다. 아와 같이 전문가들이 즉시로 활용하는 광범위하고 다량의 기억을 Skilled Memory 또는 장기작업기억 Long Term Working Memory 라고 합니다[11]. 이러한 전문가들의 기억방법은 1장에 언급되었던 정보처리모델로도 설명이 잘 되지 않습니다. 이는 마치 컴퓨터에서 사용하는 Virtual Ram Memory와 같은 기능입니다. Task-related information을 사용하는 것으로 되어있고, 구체적인 Mechanism은 알려져 있지 않습니다. 아마도 전문가들은 순간적인 상황이나 현상을 패턴화하여 기억하고 이를 효율적으로 사용하는 능력이 뛰어난 것으로 이해되고 있습니다.

11) Erickson and Kintsch, 1995

7.1.4 사건기억 Event Memory

사건에 대한 기억은 시간이 지남에 따라 변형됩니다. 잊거나 forgetting, 잊혀진 내용을 그럴듯한 plausible 정보로 채우는 fill in 과정이 발생합니다. 특히 사건 후에 얻어진 정보 post event information 들이 기존의 기억을 바꾸기도 합니다.

7.1.5 오래 기억하기 Overcoming Forgetting

기억을 한다는 것은 반대로 잊어버리는 것을 극복하는 것입니다. 잊는 과정이 끝나기 전에 재학습을 통해 기억저장 시간을 늘려나갈 수 있습니다. 이것이 반복되다 보면 기억은 장기기억으로 옮겨지고 상당한 기간 동안 잊지 않을 수 있습니다. 결국 평생 잊지 못한다는 것은 수시로 장기기억의 내용을 꺼내서 다시 학습하는 과정을 겪는다는 것을 의미합니다.

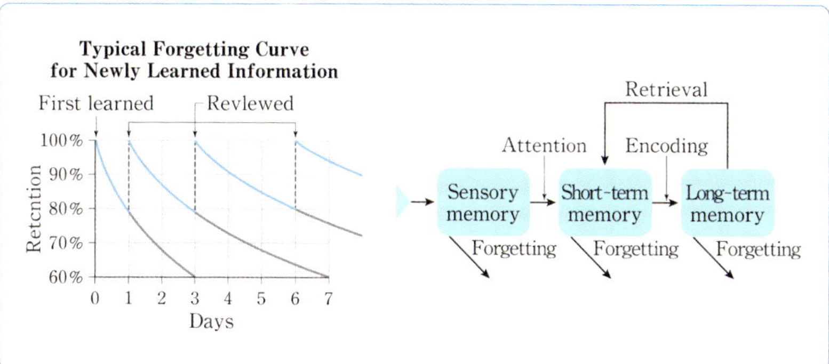

그림 7-4 | Forgetting Curve를 활용한 장기기억 프로세스 설명과 이를 정보처리모델의 관점에서 표현 (https://practicalpie.com/ebbinghaus-forgetting-curve/: 좌), (http://lawrencelawson.blogspot.com/p/memory.html: 우)

7.1.6 기억방해 Memory Interference

새로운 기억이 전에 기억했던 것을 잊게하는 경우를 회귀방해 Retroactive interference라고 하고, 이와는 반대로 과거의 기억이 현재 새로 기억할 것을 방해하는 경우를 진행방해 Proactive Interference라고 합니다. 기억을 유지하기 위해서는 이러한 방해 요소가 발생하지 않도록 설계하는 것이 필요합니다. 그러나 거꾸로 잊어야할 내용이 있으면 이러한 회귀방해의 Mechanism을 활용하는 것도 하나의 방법이 될 수 있습니다.

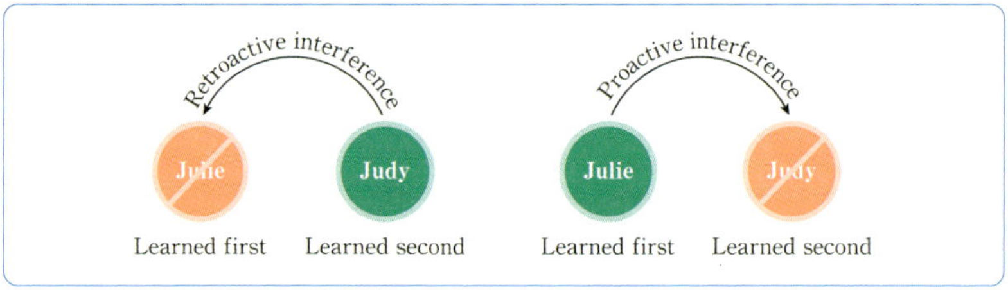

그림 7-5 | 기억방해의 과정 (https://combinescience.blogspot.com/2021/05/proactive-and-retroactive-interference.html)

7.2 기억을 최소화하는 설계

7.2.1 기억을 효율적으로 하는 방법 Optimal Modality for Memory

사람들은 정보를 글, 소리, 말, 그림 등의 매개체를 활용하여 습득을 하는데, 각각은 작업기억에 저장되는 효율이 다릅니다. 이 때, 언어형태 verbal contents와 이미지의 형태 spatial object를 작업기억에 저장하기 위한 최적의 정보전달형식 modality은 말 speech과 그림 analog picture입니다.

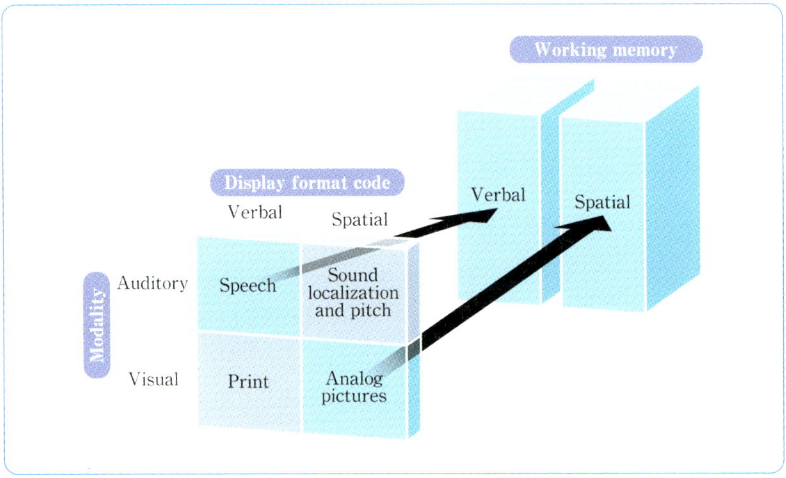

그림 7-6 | 작업기억에 저장하기 가장 좋은 매개체는 말과 그림 (Winkins & Mollands, 2000)

7.2.2 묶음기억 Chunking 사용하기

기억의 내용을 한 묶음으로 만들면 기억용량이 커지는 것과 같은 효과를 볼 수 있습니다. 기억해야할 내용들을 근접 연상자극을 활용하면 기억용량이 증대되는 것과 같은 효과를 볼 수 있습니다. 이를 Chunking이라고 합니다. 이때 단일 Chunk안에 들어 있는 정보가 커지면 학습난이도가 높아지지만, 동시에 이 과정을 통해 작업기억의 용량도 커질 수 있습니다. 예로, 영유아아기들에게 짧은 말보다 완성된 문장으로 이야기해줄 때, 더 많은 단어가 포함된 chunk를 기억하는 연습을 하게 되고, 이러한 Chunking memory가 누적되고 조합이 이루어지면, 어느날 갑자기 긴 문장을 이야기 할 수 있게 되는 현상을 관찰할 수 있습니다.[12)]

12) Gopnik and Meltzoff, 1986; Dromi, 1987; Goldfield and Reznick, 1990

Chunking 전략은 전문성이 높아짐에 따라 고도화될 수 있습니다. 그래서 전문가들은 주로 개별 정보 단위보다는 Chunk를 활용한 기억을 가지고 있습니다. 이와는 반대로 정보의 내용의 너무 많으면 기억하기가 어려워 몇 개의 분절로 나누는 경우도 Chunking에 해당합니다. 결국 Chunking이란 기억을 효율화하고 기억용량을 늘이기 위해 정보를 익숙한 형태의 분절, 묶음으로 나누고, 연상 등의 전략을 포함하는 과정을 의미합니다.

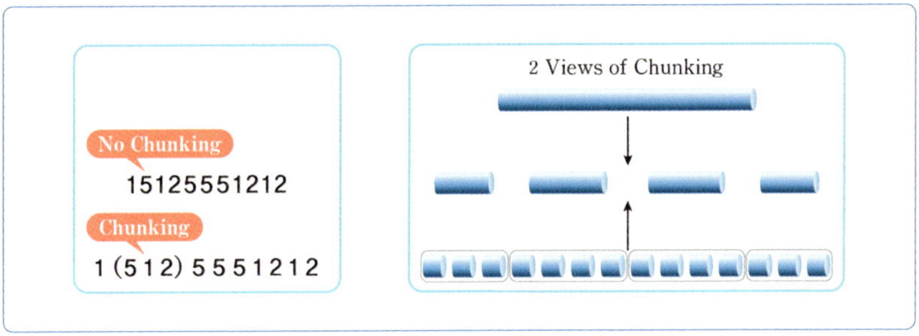

그림 7-7 | Chunking의 정의 예 (https://www.coursebb.com/2017/01/15/chunking: 좌), Chunking의 2가지 관점 (http://presentationswithresults.com/are-you-chunking-your-content/: 우)

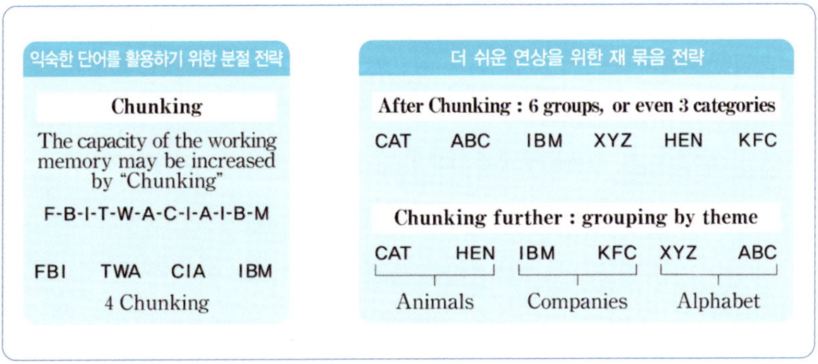

그림 7-8 | 기존 기억을 활용한 Chunking의 예 (http://www.slideshare.net/bpiper74/introductory-psychoiogy-memory: 좌), 연상을 활용한 Chunking의 예 (https://examstudyexpert.com/chunking-and-memory/: 우)

7.2.3 회상 Recall과 재인지 Recognition

회상과 재인지는 유사한 개념이나 회상의 경우 기억에 저장되어 있는 내용을 소환 retrieve하는 과정을 의미하고, 재인지는 관찰된 내용을 힌트로 사용하여 평소 잊고 있었던 기억을 소환하고 이를 토대로 특정한 사실을 알아차리는 identify 과정까지를 포함합니다. 그러므로 회상과 재인지 과정을 동시에 잘 활용하면 최소한의 기억으로 많은 정보를 활용할 수 있게 됩니다. 이러한 인지적 특성을 활용하여 제품과 서비스를 설계한다면 사용자의 기억력을 최소로 사용하면서 많은 정보를 제공할 수 있는 친절한 인터페이스를 설계할 수 있습니다.

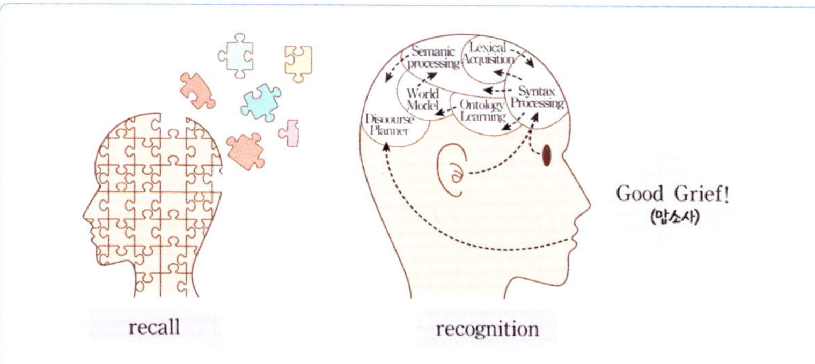

그림 7-9 | 비슷하지만 다른 recall (저장되어 있던 기억을 소환하는 과정), recognition (작은 Hint 또는 Cue가 Trigger가 되어서 잠재되어 있던 기억을 소환하고, 이를 사용하여 무언가를 알아차리는 과정)

7.2.4 Cue가 도와주는 세상

재인지를 이루어내기 위해서는 우선적으로 회상을 촉발할 수 있는 Cue가 필요합니다. Cue로 인해 회상된 기억은 변형되어 있거나 파편화되어 있지만 재인지를 할 수 있는 정보로 유용하게 사용됩니다.

그림 7-10 | 변형된 기억속의 이미지로 사용되는 Cue이지만 상표를 인지하기에 부족함이 없는 정보 (https://www.boredpanda.com/famous-brand-logos-drawn-from-memory/)

잘 설계된 Cue는 회상을 순간적으로 일으키고 재인지를 도와주는 역할을 합니다. 한편, Cue를 이용할 경우 중요한 정보를 단순 명료한 형태로 눈에 띄게 전달하기 위해서도 매우 유용하게 사용됩니다. 특히 기대하지 않았던 정보가 Cue의 형태로 나타났을 때 그 효과는 극대화 됩니다. 같은 맥락으로 중요한 정보를 나타내는 Cue가 갑자기 사라질 때도 Absence of Cues 사용자는 이를 빨리 알아차릴 수 있습니다.

그림 7-11 | 주변 배경과 대조되어 갑자기 나타난 것처럼 보이는 교통안전 관련 사인과 남성 소변기에 디자인된 유도 사인의 효과 (좌: https://www.pinterest.co.kr/luisharos04/graphics/, 우: https://it.chosun.com/news/articleView.html?idxno=2011012585005)

7.2.5 Cue가 갖추어야할 특징들 Attributes

Cue의 돌출성 Salience

Cue는 우선적으로 눈에 잘 띄는 것이 중요합니다. 그래서 주변의 어떤 사물보다 눈에 확 띄는 형태 또는 색을 가지고 있어야 합니다.

그림 7-12 | Cue가 눈에 잘 띄기 위해서는 색 또는 형태의 특징을 활용하여야 함 (https://www.pinterest.co.kr/pin/435652963933637493/)

Cue의 진단성 Diagnosticity

Cue가 제공하는 제공하는 정보는 의사결정을 하는데 필요 충분한 내용을 가지고 있어야합니다. 예로, 밖에 비가 오고 있으면 우산을 가지고 나가야한다는 의사결정을 하는데 100% 필요충분한 정보를 제공한다고 할 수 있습니다.

Cue의 신뢰성 Reliability

Cue가 제공하는 정보는 한번만 정확해서는 안됩니다. 매번 같은 의사결정을 할 수 있도록 일관되고 정확한 정보를 제공할 수 있어야 합니다. 이를 정보의 신뢰성이라고 부릅니다. 예로, 사람의 얼굴을 구분하는데 필요한 신체적 특징이 되는 Cue가 신뢰성을 가지고 있지 않다면, Cue의 기능으로 사용되는 것이 적절치 않습니다.

Cue의 정보 종합성 Integration

개별적인 Cue가 완벽하게 신뢰할 만한 정보를 제공하지 못할 경우에는 각각의 Cue의 정보가 누적적으로 보다 높은 단계의 정보를 제공하는 지를 확인하는 것이 중요합니다. 누적된 Cue의 정보가 정확한 의사결정을 할 수 있는 확률 likelihood 을 증대시켜준다면 Cue의 개별적 신뢰도가 낮더라도 누적된 정보의 가치는 높아질 수 있습니다.

그림 7-13 | 다양한 Cue 정보를 수집하여 이를 종합적으로 분석하면 Cue의 활용범위가 넓어지고 정보의 질이 높아질 수 있음

Cue의 상관관계 correlation

Cue의 형태나 색깔간의 상관관계는 사용자로 하여금 Cue가 제공하는 내용을 자연스럽게 추정하도록 합니다. 이러한 상관관계가 우연히 발생하는 경우 디자이너의 의도와 다르게 사용자가 Cue의 의미가 왜곡될 수 있어, 이런 경우가 발생했는지를 확인하고 Cue를 활용할 수 있도록 해야 합니다.

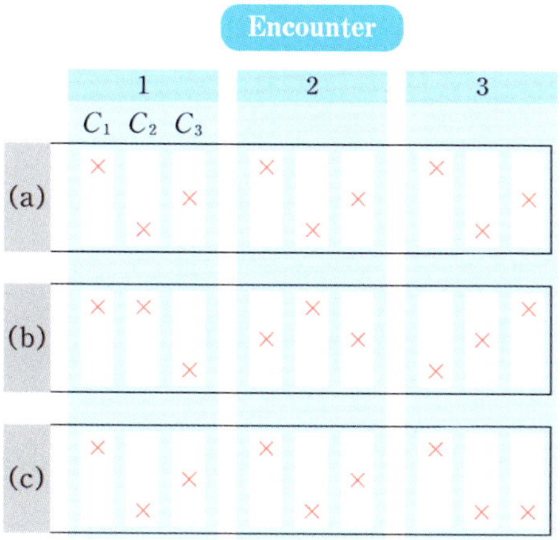

그림 7-14 | (a)의 경우 1, 2, 3이 서로 상관되어 있다고 판단하게 되고, (b)의 경우 1, 2, 3이 서로 상관없다고 판단하게 된다. 그러나 (c)의 경우 1, 2에서 사용했던 패턴이 3에서 달라질 경우, 기대 패턴과의 불일치로 인해 3의 X패턴을 잘못 예측할 수 있음. 설계자도 예측하지 못하는 경우이므로 피드백을 통해 확인하고 실수를 예방하여야 함 (Wickins and Hollands, 2000)

7.3 친절한 Affordance 행위유도성 디자인

Norman(1992)은 affordance 행위 유도성를 "특정 사물이 어떤 작동기능 operation과 작업행위 manipulation가 가능한지를 알려주는 것" 대한 기술적 용어라고 정의합니다. 예를 들면, 문 door 디자인은 사용자로 하여금 열고 닫는 행동을 유도합니다. 이때, 문이 열리는 것이 작동기능 operation이고 문을 여는 행위가 작업행위 manipulation입니다. 디자인을 보면 자연스럽게 기능을 알 수 있고 행위가 이루어지는 경우가 있습니다. 이렇게 자연스럽게 행위를 유도하는 디자인을 Affordance 디자인이라고 부릅니다. 의자의 경우도 마찬가지입니다. 의자를 보면 사용자는 자연스럽게 어떤 자세로 앉을 지를 결정합니다. 몸을 안전하게 기댈 수 있도록 구조와 형태를 가진 기능을 작동기능 operation으로 볼 수 있고, 앉는 동작이 작업행위 manipilation입니다.

Affordance 이론은 세상은 단순히 형태와 공간적 관계로만 인식되는 것이 아니라 그 것이 가지고 있는 가능한 활동 possibility for action: affordance으로 인식될 수 있다고 설명합니다 J.J. Gibson, 1904-1979. 위의 내용을 종합하면 특정한 행위를 하게끔 하는 인식 perceived affordance을 유도하는 것이 제품과 서비스 디자인에 매우 중요하다는 사실을 알 수 있습니다.

7.3.1 다양한 모드 mode의 Affordance

Affordance를 분류하는 방법은 다양합니다. 쉬운 이해를 위해 Mode별로 나열하였습니다.

물리적 Physical Affordance

3타원 공간에서 바로 알아볼 수 있는 물리적 디자인을 말합니다. 예로, 버튼이 "나를 눌러주세요", 다이얼이 "나를 돌려주세요", 손잡이가 "나를 당겨 주세요"라고 요청하는 듯한 물리적 형태의 디자인을 말합니다.

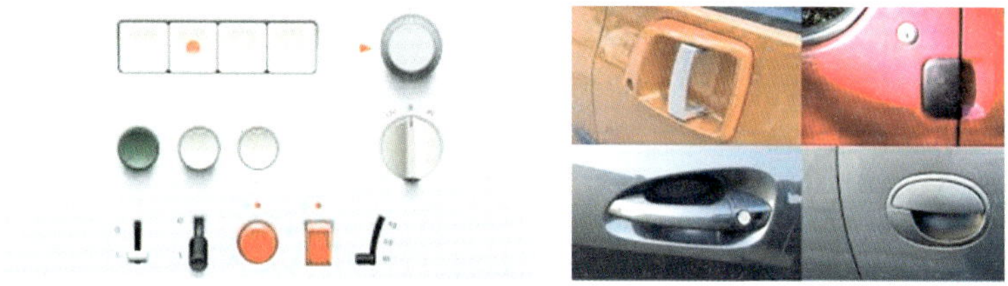

그림 7-15 | 버튼, 다이얼, 손잡이 등의 물리적 형태가 사용자에게 어떻게 작동해야할 지를 직관적으로 알려줌 (https://www.interaction-design.org/literature/book/the-encyclopedia-of-human-computer-interaction-2nd-ed/affordances)

시각적 Graphic Affordance

기존에 전통적으로 사용해 왔던 그래픽 패턴이나 표시를 활용하여, 시선을 유도하고 클릭을 유도하는 경우입니다. 흔히 사용되고 있는 로고나 밑줄 등이 이에 해당합니다. 스마트기기 화면에 흔히 사용되는 아이콘이 대표적인 예입니다.

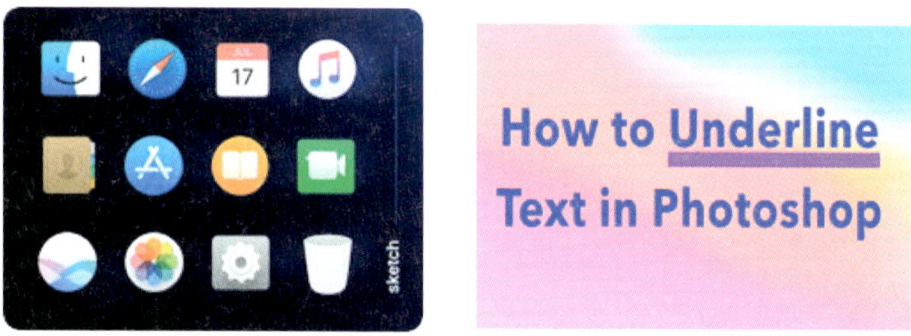

그림 7-16 | 아이콘을 활용하여 자연스러운 터치를 유도하거나 밑줄을 통해 자연스럽게 시선을 유도함(https://careerfoundry.com/en/blog/ux-design/affordances-ux-design/, https://www.editvideofaster.com/underline-text-photoshop-2021/)

음향Sound Affordance

특정한 사운드를 듣게 되면 자연스럽게 행위가 유도되는 경우가 있습니다. 차량의 안전벨트 착용을 유도하는 경고사운드나 비행기에서 안전벨트 해제 사운드의 경우 사람들은 자연스럽게 반응합니다. 사람의 주의를 끌고 자연스럽게 행위를 유도하는 음향신호는 Sound Affordance 디자인에 활용될 수 있습니다.

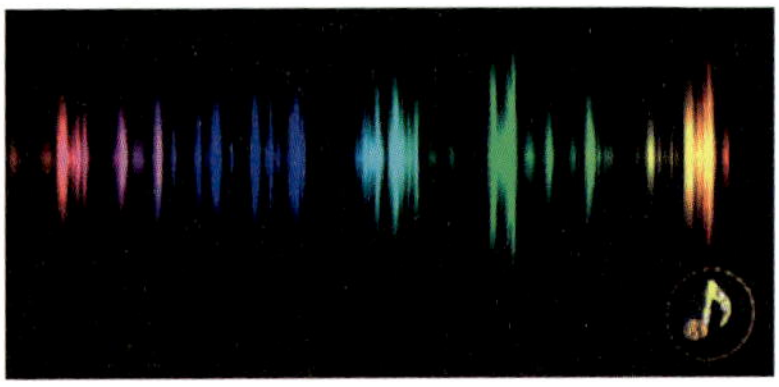

그림 7-17 | 특정한 음향을 듣게 되면 행동이 유도되는 경우 (https://www.youtube.com/watch?v=BdayxheAYL0)

7.3.2 Affordance를 활용한 디자인 용어

Hidden Affordance

실제로 사용되어질 Affordance 디자인이 처음에는 보이지 않다가, 특정한 행위가 이루어졌을 때만 보여지는 경우입니다.

그림 7-18 | 가운데 + 마크에 커서를 옮기기 전까지는 아무것도 보이지 않음 (https://www.pinterest.co.kr/pin/635500197398753599/)

False Affordance

Affordance의 원리를 따르지 않았을 때. 사용자로 하여금 예상치 못한 행위를 유도하는 경우를 말합니다.

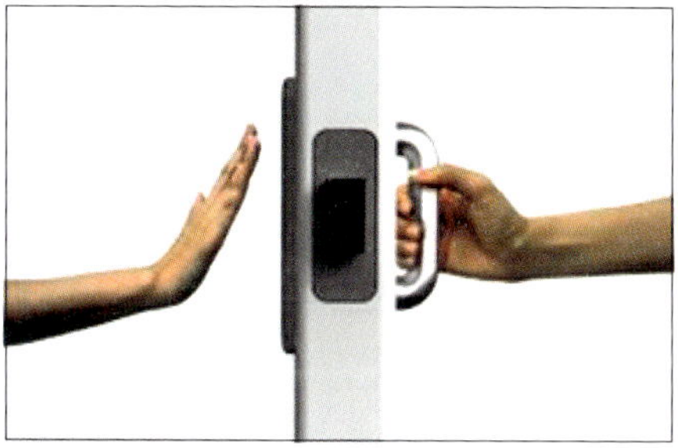

그림 7-19 | 당겨야할지 밀어야할지 불분명하여 실제로 예상치 못한 방향으로 문이 열릴 수 있음 (https://m.dongascience.com/news.php?idx=12528)

Negative Affordance

Affordance가 없다는 표현으로 사용됩니다. 무엇을 어떻게 해야하는지 다음 단계로 넘어갈 수 있는 작동가능한 버튼이 있다는 것을 자연스럽게 보여주지 못하는 경우입니다.

그림 7-20 | 맨 오른쪽 그림만이 버튼을 누를 수 있도록 유도하는 의도가 자연스럽게 표출되어 있음. 버튼이라는 느낌이 그래픽 상으로 잘 보이지 않으면 affordance 디자인이라고 할 수 없음

7.4
7장 주요 내용 복습

7.4.1 Key Words

Memory Type, Recognition over Memorization, Cue Attributes, Affordance Type

7.4.2 연습과제

1) 각자가 오래되었지만 또렷이 기억하고 있는 것 또는 사건의 예를 1가지 들고 어떤 기억의 과정 (리허설, chunking 등)이 있었는지, 그리고 어떤 기억의 형태 (단어, 이미지, 프로세스, 정신 모형 등)로 기억이 되어 있는지 기술해 보세요.
2) Cue 설계가 잘된 것과 잘못된 것의 예를 각각 1가지씩 찾아보고 왜 그렇게 생각했는지 수업 중에 배운 개념을 활용하여 기술하고 토의해 보세요.
3) Affordance 설계가 잘된 것과 잘못된 예를 각각 1가지씩 찾아보고, 어떤 부분이 잘되었는지, 잘 못 되었는지 기술해 보세요. (Cue설계의 예와 Affordance설계의 예가 중복될 수 있으나 설명은 각각 다른 관점에서 할 수 있음)

08

나 스스로를 의심해 봐야하는 이유

사람들은 누구나 자신을 중심으로 이 세계를 바라봅니다. 동시에 사람들은 완전히 중립적인 위치에서 판단하기 어렵습니다. 그래서 어느 정도의 편향을 가지고 있는 것은 매우 자연스러운 일입니다. 그러므로 편향을 무조건 제거하는 것보다 내가 어떤 편향을 가지고 있는지를 아는 것이 중요합니다.

8.1
누구나 갖고 있는 편향

8.1.1 확신편향 Overconfidance Bias

나는 "진실을 알고 있다"고 생각하고 기존의 정보의 옳고 그름을 확인하거나 의심하려고 하지 않으며, 기존의 정보가 정확하고 진실하다는 사실을 강하게 믿는 현상입니다. 이러한 편향을 가지고 있는 사람은 거의 같은 발생확률이 낮은 사건 fact에 대해서도 나에게 유리한 쪽으로 사건이 발생할 것으로 믿기도 합니다. "내 생각이 맞을 거야" 타입입니다. 이러한 편향성은 정도의 차이가 있을 뿐 모든 사람이 가지고 있는 편향성입니다.

8.1.2 고정편향 Anchoring Heuristics

개인이 의사결정을 할 때, 자기가 가지고 있던 최초의 가설에 근거해서만 하는 경우입니다. 실제로 인지적 고착 mental anchor이 발생해서, 새로운 정보가 취득되더라도 이를 받아들이지 않고 최초에 가지고 있던 가설과 생각에 근거해서만 모든 사고와 결정을 실행합니다. "원래 이렇게 해야만 해" 타입입니다. 실제로 새로운 가설을 받아들이려면 상당히 많은 정보와 노력이 필요하거나, 매우 높은 수준의 자기 검증 능력이 필요합니다. 이 또한 사람들이 일반적으로 가지고 있는 편향성 중에 하나입니다.

8.1.3 확증편향 Confirmation Bias

개인이 의사결정을 할 때 필요한 정보 취득을 본인의 의견이 강화되는 쪽으로만 하는 경우입니다. 이 경우는 약간 모호한 정보나 Cue가 관찰되어도 본인이 선호하는 정보로 인식해버리고 섣부른 결론을 내리기도 합니다. 이 경우는 자신의 의견에 대한 확증을 얻기 위해 적극적으로 정보 취득을 하게 됩니다. 위에 언급한 고정 편향이 자신의 가설을 방어적으로 지키려는 경향이 있는 반면, 확증편향은 자기 확증을 위한 보다 적극적인 행위를 관찰할 수 있습니다. "거봐 내가 분명히 맞잖아" 타입입니다.

8.1.4 편향이 불러 올 수 있는 대형사고

20세기 이후 3대 방사능 유출 사고(체르노빌 원전, 2011; 후쿠시마 원전, 1986; 스리마일 원전, 1979) 중 하나로 알려진 Three-mile island accident를 비롯한 국내외 대형 사고를 분석해보면, 작업자의 관찰 편향, 정보 선택 편향, 정보 처리 편향, 사고 위험 평가 편향 등이 만들어 내는 인적 오류 Human Error와 실제 기계적 결함이 동시에 발생하였다는 것을 관찰할 수 있습니다. 그러므로 사람의 오류를 예방하기 위해서는 복잡한 업무를 실수 없이 수행할 수 있는 교육과 훈련은 기본이지만, 그에 더해 실수를 예방하기 위한 Fail Safe 이중 안전장치 시스템이 잘 갖추어져 있는지를 반드시 확인해야 합니다. 모든 시스템을 관리하고 조정하는 주체가 사람이기 때문에, 작업자의 편향에 의한 실수가 있더라도 안전을 저해하지 않아야하고, 사람에게 정보 과부하를 발생시키지 않도록 정교하게 설계되어야 합니다.

이러한 개념은 우리 사회에서 발생하는 인재 人災를 예방하기 위해서 반드시 고려되어야할 사항입니다. 안전 설계는 더 이상 건축가나 안전관리자만의 업무가 아닙니다. 이 점을 UX 디자이너들이 기억하시기 바랍니다.

8.2
생활 속 사람에 대한 편향 Interview Bias

인터뷰 편향은 거의 모든 사람들이 일상에서 경험하고 있는 인지편향입니다. 누구나 쉽게 이해하고 공감할 수 있는 내용입니다. 누구라도 중요한 의사결정을 해야할 경우, 아래에 기술된 편향이 최소화하도록 노력해야 합니다.

8.2.1 외모 편향 Beauty Bias

예를 들어 봅니다. 평균적으로는 미국인의 15% 정도만이 키 183cm이 넘습니다. 그런데 미국의 CEO 중에는 60%가 이 키에 해당됩니다. 또한 키가 189cm가 넘는 미국의 인구는 4% 정도인데 비해, 미국의 CEO 중에는 36%입니다. 이러한 통계를 보면 큰 키를 가지고 있는 것이 CEO의 자리에 이르게 하는데 긍정적인 역할을 했다고 추측할 수 있습니다. 결국 사람들은 CEO라면 키가 커야 한다는 외모 편향에서 비롯된 것이 아닐까라고 추정해 볼 수 있습니다.

8.2.2 지인 편향 Affinity Bias

예로, 나와 지연이나 학연으로 연결되어있는 사람이 면접에 앞서 긴장하고 있는 모습을 보이면, 선배의 입장에서 "긴장 좀 풀어"라고 웃으며 격려의 말을 할 수 있습니다. 그러나, 아무런 관계가 없는 사람이 긴장하고 있는 모습을 보면, 면접관은 모르는 사람에 대해 그냥 아무런 말을 하지 않던가, "긴장하지 마세요"라고 사무적으로 이야기할 수 있습니다. 자신도 모르는 사이에 상대에 대한 정서적 태도가 달라질 수 있습니다.

8.2.3 후광 효과 Halo Effect

예로, 평범해 보이던 신입사원이 최고 명문대학을 수석으로 졸업한 사실을 알게 되면서, 갑자기 그 사람의 말과 행동이 특별해 보이는 느낌을 받았다면, 그것은 후광 효과입니다. 용어상으로는 효과 Effect 라는 명칭이 붙어있지만 내용 상으로는 편향 Bias 의 일종이라고 할 수 있습니다.

8.2.4 부정 편향 Horns Effect

못된 송아지 엉덩이에 뿔난다는 말이 있습니다. 이 말은 못된 사람은 미운 짓만 골라한다는 표현입니다. 뿔을 의미하는 Horn 효과는 한번 미운 털이 박힌 사람에 대해서는 어떤 일을 하더라도 부정적 견해를 갖게 된다는 의미입니다. 예로, 말을 어눌하고 천천히 하는 것 때문에 그 사람이 스마트하지 못하다는 느낌을 한번 받으면, 그 사람이 다른 이야기를 하더라도 신뢰를 주지 못하는 경우가 있습니다. 이미 편향에 의해 영향을 받은 상태라고 할 수 있습니다.

8.2.5 동형 편향 Similarity Bias

예로, 나와 비슷한 점을 가진 사람에게 자기도 모르게 더 호의적으로 대하는 경우입니다. 종교나 인종이 같을 경우, 취미나 패션이 비슷할 경우, 이왕이면 비슷한 사람과 같이 일하는 것을 선호하게 됩니다. "알고 보니 같은 과네 !"라면서 친근감을 표시하는 것은 동형 편향을 나타내는 전형적인 사례입니다.

8.2.6 대비 편향 Contrast Effect

예로, 한꺼번에 많은 사람을 면접하는 경우, 개개인의 능력을 객관화해서 절대 평가하기보다는 앞 사람과 비교해서 얼마나 더 나은지를 평가하게 되는 경향이 있습니다, 이 경우, 앞 사람의 면접 결과가 바로 뒷 사람에게 영향을 미치게 됩니다. 이러한 현상은 일상적으로 관찰될 수 있기에 대비 효과 Contrast Effect라고 표현되지만, 결국은 편향의 한 형태입니다.

8.3 확률도 비껴가는 편향된 결정

8.3.1 기대효용성 Expected Utility 의한 편향

사람들은 불확실한 미래의 가치를 평가할 때, 실제의 객관적 가치보다는 자신이 평가하는 효용(나에게 현실적으로 마음에 와 닿는 유익)에 따라 평가하고 행동합니다. 이러한 현상은 기대효용이론 Expected Utility Theory으로 설명되기도 합니다. 예로, 전 재산이 100만원인 사람이 얻는 1억원의 돈과, 전 재산이 100억인 사람이 얻는 1억원의 효용 가치는 다릅니다. 또한, 사람들은 이익보다 손해가 발생할 경우, 같은 액수라도 상대적으로 더 강한 상실감을 겪게 됩니다. 예로, 개인이 사업을 시작해서 100만원을 벌었을 때의 성취감보다 최초로 100만원을 손해 봤을 때의 상실감이 훨씬 더 크게 느껴집니다. 한편 이러한 상실감은 손해 액수가 커질수록 상대적으로 무뎌지는 경향성을 보입니다. 예로, 최초에 100만원을 손해봤을 때의 상실감에 비해, 이미 10억의 손해가 난 경우, 추가로 100만원을 손해 봤을 때의 상실감이 상대적으로 적게 느껴진다는 의미입니다.

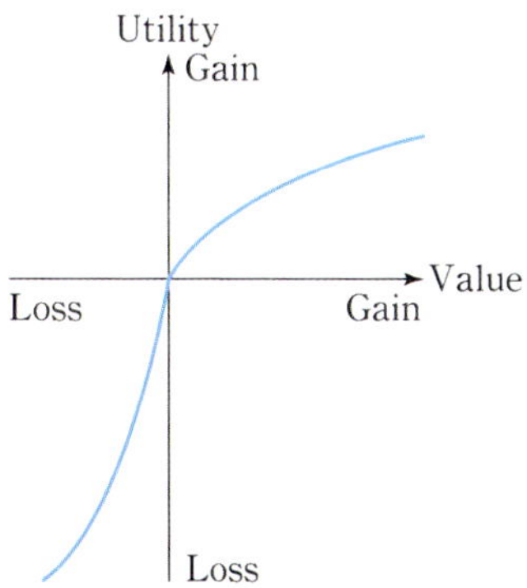

그림 8-1 | 기대효용가치를 나타내는 그래프[13]

13) Tversky and D.Kahneman, "The Framing of Decisions and the Psychology of Choice," Science, 211(1981). pp.453-458. Copyright 1981 by the American for the Advancement of Science.

8.3.2 굼뜨게 움직이는 베타 Sluggish beta

사람들이 가지고 있는 의사결정은 항상 합리적이거나 신속하지 않습니다. "Sluggish beta" (굼뜨게 반응하는 판단기준) 현상은 일반적으로 사람들이 기민하고 합리적으로 판단기준을 바꾸지 않는다는 것을 보여줍니다. 예로, 만일 투자에서 손실을 입었다고 할 때, 현명한 의사결정자는 자연스럽게 Beta 값을 오른쪽으로 움직이면서 더 이상의 손실을 막기 위해 보수적 conservative인 판단기준을 갖는 것이 합리적입니다. 그러나 실제로 사람들은 그 의사결정 기준점을 즉시 바꾸지 않습니다. 결국에는 여러 번의 실패 이후에야 판단의 기준을 바꾸게 되는데, 이와 같이 사람들이 확률적으로 본인에게 유리한 의사결정을 즉각적으로 실행하지 않는 행태를 sluggish 베타라고 표현합니다. 이 때 보수적이라는 표현은 신호탐지이론에서 설명하고 있는 False alarm을 최소화하기 위한 의사결정 방법을 의미합니다.

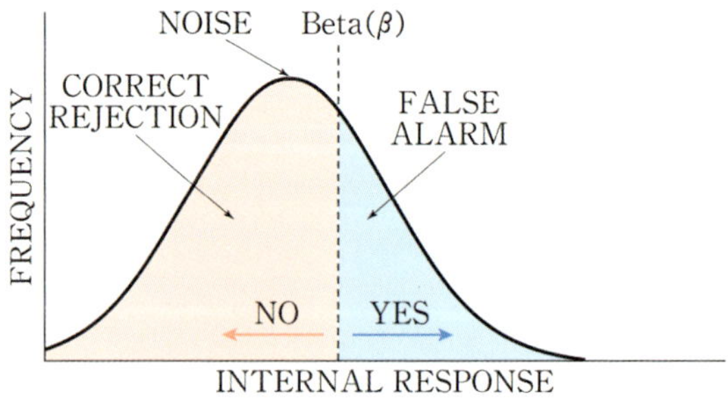

그림 8-2 | 의사결정의 준거로 사용되는 beta(β). 신호탐지이론에 사용되며 우측으로 이동할 때, 잘못된 결정에 의한 손해를 최소화하는 전략을 사용하게 됨

8.3.3 프레이밍 효과 Framing Effect

프레이밍 효과란 사람들이 특정한 선택을 선호하게 만드는 편향적 원인과 과정을 설명해주기도 합니다. 의사결정을 할 때 기준점이나 중립적인 위치 neutral point가 어디냐에 따라 최종 결정이 달라지는데, 여기에 편향을 일으킬 수 있는 것이 프레이밍 효과입니다. 예로, 600명이 질병에 걸렸다고 가정할 때, 긍정적인 프레임을 사용하여 "우리는 200명을 살릴만한 방법이 있습니다"라고 주장하는 경우 72%가 동의했고, "400명은 죽을 수밖에 없습니다"라고 했을 때 22% 만이 동의했다는 연구 결과가 있습니다.[14] 이처럼 마음의 기준이 어디 있느냐에 따라 사람의 생각과 행동이 바뀔 수 있습니다. 이러한 프레이밍 이론은 다양한 분야에 적용되며, 기준점을 누가 먼저 선점하느냐에 따라 여론 수렴의 방향이 달라질 수 있어 마케팅 등 인문 사회학적 편향현상을 설명하는 데 활용되고 있습니다.

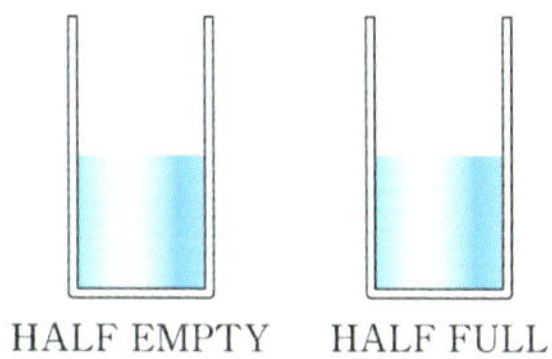

그림 8-3 | 프레이밍 효과에 따라 상황을 다르게 판단함 (https://codedragon.tistory.com/m/6774: 좌), (https://click21net.tistory.com/4496: 우)

14) Tversky, Amos; Kahneman, Daniel (1981). "The Framing of decisions and the psychology of choice". Science. 211 (4481): 453-458.

8.3.4 잘못된 위기관리, 전망이론 Prospect theory

Kahneman and Tversky(1979)는 기대효용이론 Expected Utility Theory 과는 다른 전망이론 Prospect Theory 을 발표했고[15], 2002년 Kahneman이 노벨 경제학상을 수상하는 계기가 되었습니다. 이 이론은 사람들이 왜 위험한 선택을 하는지를 설명하고 있어서 기대효용이론과 함께 다양한 경제적 전망을 위한 매우 유용한 도구로 사용되었습니다. 전망이론은 사람이 손실과 이익을 중심으로 합리적인 선택을 하는 것이 아니라 프레이밍 효과 framing effect 와 개인의 위험 risk 에 대한 대처 태도 attitude 를 기본으로 한 휴리스틱 heuristics 을 사용하여 결정한다는 것을 밝혔습니다. 아래는 전망이론을 설명하기 위한 실험 내용입니다.

실험1

- 조건1 : 80만원의 보장된 이익
- 조건2 : 100만원을 85%의 확률로 얻을 수 있지만 15%의 확률로 아무것도 가지지 못할 수도 있는 선택

기대효용이론에 따르면 조건1의 기대효용은 80만원(80만원 × 100% = 80만원)이고 조건2의 기대효용은 85만원(100만원 × 85% + 0원 × 15% = 85만원)입니다. 기대효용이론이 따르면, 사람들은 기대효용이 높은 조건2를 선택해야 할 것이지만, 실제로 밝혀진 실험 결과에서는 대부분이 조건2보다는 낮은 기대효용을 가진 조건1을 선택하였습니다. 이는 사람들이 일반적으로 가지고 있는 위험회피 risk

15) Daniel Kahneman, Amos Tversky. Econometrica, Vol. 47, No. 2 (Mar., 1979), pp. 263-292

aversion 성향이 영향을 미친 결과로 볼 수 있습니다. 그래서 전망이론은 기대효용이론과 다른 결과를 보여주기도 합니다. 이와 같이 사람은 개인의 성향에 따라 다른 편향성을 가지고 중요한 경제적 의사결정을 하게 되는 것을 알 수 있습니다.

실험2

- 조건3 : 80만원의 확정된 손실
- 조건4 : 85%의 확률로 100만원을 손해 보거나 혹은 15%의 확률로 아무런 손실이 발생하지 않는 선택

두 번째 실험에도 두 가지 선택 즉, 조건3의 기대효용은 −80만원(−80 만원 × 100% = −80만원)이고, 조건4의 기대효용은 −85만원(−100만원 × 85% + 0원 × 15% = −85만원)입니다. 이 경우에도 기대효용이론에 따르면 손실이 작은 조건3이 선호되어야 할 것입니다. 그러나 사람 대부분은 기대효용에서 열등한 조건4를 선택하였습니다. 이는 실험 1과는 반대로 사람들이 일반적으로 가지고 있는 위험감수 risk taking 성향이 영향을 미친 결과로 볼 수 있습니다. 어차피 손해를 보는 상황이니 이판사판으로 한번 위험을 무릅쓰고 손해를 보지 않을 수 있는 확률을 선택하는 것입니다. 이 실험은 인간의 선택이 효용 극대화를 바탕으로 이루어진다는 것이 아니라, 위험에 대한 태도 risk-attitude 나 어차피 손해를 보게 된다는 프레이밍 효과 frame effect 의 영향에 따라 결정되는 것을 알 수 있습니다.

8.4
편향 방지 Debiasing 및 오류 방지 Error protection

8.4.1 메타인지 Meta Cognition

메타 meta는 그리스어에서 유래된 접두어로 "after", "with", "change"의 의미를 나타내는 접두사로 사용되고, 인식론에서는 "~에 대해서"라는 뜻으로 쓰입니다. 해석하자면, "대상을 넘어선 그리고 그 대상과 함께하는"이라는 복합적인 의미를 담고 있습니다. 그러므로 메타인지는 내가 무엇인가를 인지하고 있고, 그러한 나를 내가 다시 인지하는 것을 의미합니다. 예로, 내가 무엇을 생각하고 있는지를 생각하거나, 내가 얼마나 알고 있는지를 스스로 평가하거나, 나의 기억이 얼마나 정확한지를 스스로 확인해보거나, 내가 스트레스를 받아서 어떤 상태인지를 스스로 인식하고 평가하는 과정도 메타인지 과정입니다. 이러한 메타인지 과정은 사람이 가질 수 있는 편향적인 생각과 판단을 스스로 검열할 수 있게 해주므로, 편향에서 벗어날

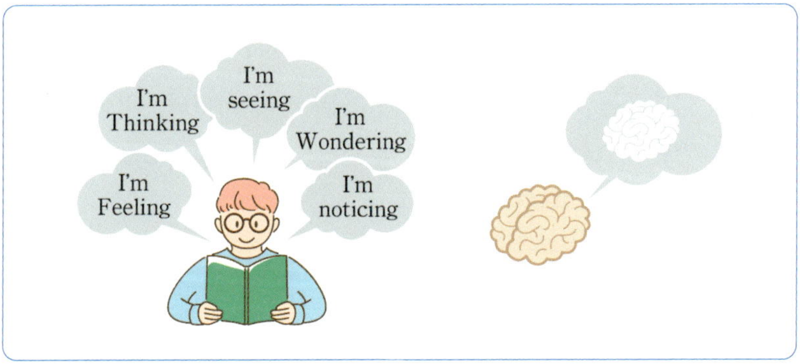

그림 8-4 | 자신이 자신을 인식하는 메타인지에 대한 이미지

수 있는 확률을 높여줍니다. 메타인지는 상대적으로 높은 지능을 요구하는 고도의 인지과정이고, 학습이나 자가 성찰 등을 통해 이 능력이 증진될 수 있습니다.

8.4.2 단계적 접근 Procedualization

모든 일에는 순서가 있다는 말이 있습니다. 순서를 지키지 않으면 실수나 실패를 할 수 있다는 교훈입니다. 이 말은 학습이나 훈련, 판단 과정에도 적용됩니다. 사람이 주어지 시간에 처리할 수 있는 정보의 양은 분명한 한계가 있으므로, 주어진 작업을 쪼개어서 decomposition

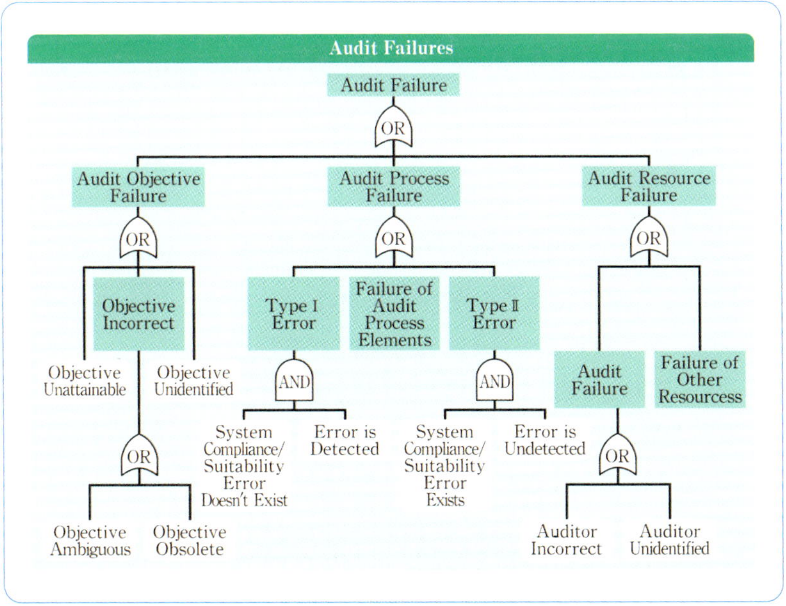

그림 8-5 | 시스템의 오류를 발견하기 위하여 사용되는 Fault tree analysis의 예. 단계적인 인지 검증을 통해 오류를 예방하기 위한 목적으로 사용됨

실수없이 처리할 수 있는 크기로 나누는 것입니다. 이러한 과정을 걸치면 불완전한 정보처리에 의한 실수이든, 편향에 의한 의사결정의 오류이든 부정적인 결과를 최소화할 수 있습니다. 예로, Fault tree 분석은 복잡한 시스템에서 발생할 수 있는 오류를 한꺼번에 분석하기 어려우므로, 단순화된 Task별로 논리회로를 사용하여 하나씩, 단계적으로 접근하는 방식입니다.

8.5
8장 주요 내용 복습

8.5.1 Key Words

Bias, Expected Utility, Meta-cognition, Debiasing

8.5.2 연습과제

1) Overconfidence bias[확신편향], anchoring heuristics[고정편향], confirmation bias[확증편향]의 예를 시나리오 찾아서 기술해 보세요.

2) Expected Utility 이론을 활용하여 본인에게 기대 효용이 일반의 경우 보다 높은 경우와 낮은 경우를 예를 들고 왜 그런지 설명해 보세요.

3) 본인의 메타인지 경험을 예를 들어서 설명해 보세요. 그 상황에서 메타인지로 인해 의사결정에 어떤 유익이 있었는지, 없었다면 왜 없었는지 생각하고 기술해 보세요.

4) 각자가 자신이 가지고 있는 편견 bias에 의해서 잘못 내렸던 결정의 경험을 기술하고 그 원인과 현상을 수업 중 배운 용어를 사용하여 기술해 보세요. (optional) 편견을 극복할 수 있었다면 어떤 편향 방지 (debiasing) 과정을 겪었는지 기술해 보세요.

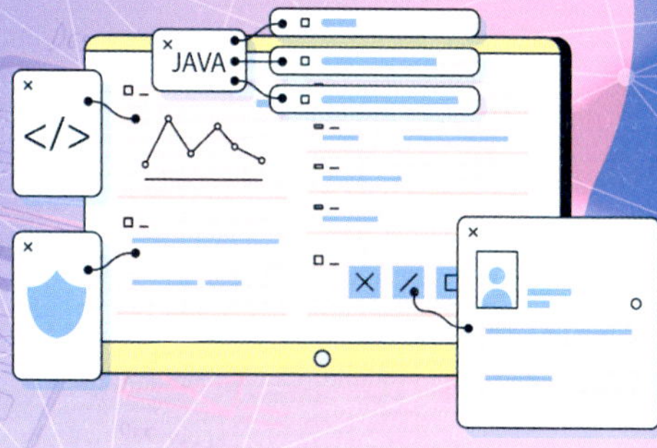

09

스트레스와 같이 살아가는 세상

당신은 스트레스 없는 세상을 꿈꾸시나요? 인간은 스트레스가 없으면 어떻게 될까요? 스트레스는 사람에게 어떤 영향을 줄까요? 스트레스를 인간공학과 심리학에서 어떻게 인식하고 있는지에 대해 알아보겠습니다.

9.1

적당한 스트레스는 필요하다?

9.1.1 Stress에 대한 새로운 관점

스트레스란 과연 사람에게 해로운 것일까요? 실제로 사람들은 적절한 긴장감 다시 말해 약간의 스트레스 상황에서 가장 효율적인 수행을 합니다. 신체적으로도 적절한 운동을 통해 근육과 뼈에 물리적 스트레스를 가하면 건강해지고, 사람들의 뇌도 적절히 생각하고 외우고 판단하는 인지 활동을 할 때 그 기능이 향상되기도 하고 오래 유지되기도 합니다. 즉, 스트레스는 무조건 없애야 하는 것이 아니라, 적절한 양을 파악하여 지나치지 않게 하는 것이 중요합니다. 스트레스를 기술적으로 정의하면, 정신부하 mental workload를 증가시키는 원인 stressor이고, 이를 일반적으로 stress 라고 부릅니다. 또한 이러한 stress로 신체의 변화, 예를 들어 긴장, 초조, 불안, 우울감, 피

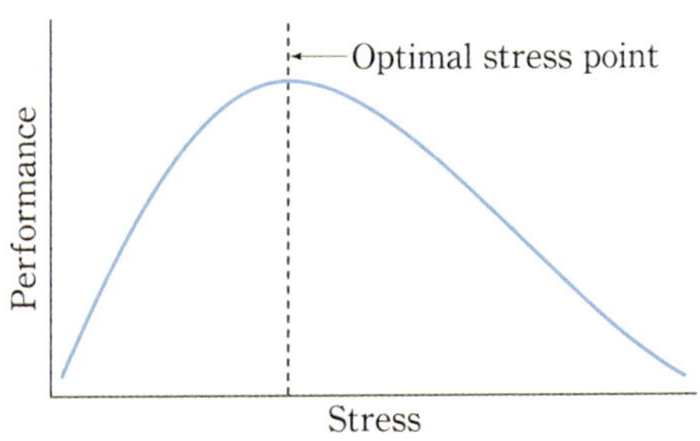

그림 9-1 | stress-performance curve: 스트레스와 수행도 간의 관계를 나타내는 개념, 적정 스트레스 (optimal stress)를 유지하면 수행도를 극대화 할 수 있음 (참고: Yerkes-Dodson Law Bell curve)

곤함, 무력감 등이 발생하는데 이것을 strain 물성 변형이라고 부릅니다. 이러한 개념은 물성을 다루는 재료역학에서도 동일하게 사용됩니다.

9.1.2 정신부하 Mental workload 개념을 활용한 정량적 접근

부하 load라는 표현은 짐, 무게와 같은 측정이 가능한 대상을 두고 표현하는 말입니다. 인지정보 과다 또는 미흡한 상태 또는 심리적, 사회적, 환경적 요인에 의해 심리적 스트레스가 발생할 때, 이를 측정 가능한 대상으로 보고 정신부하 mental workload라는 용어를 씁니다. 실제로 정신 부하는 너무 많거나 over-load 너무 적으면 under-load 문제가 됩니다. 일반적으로 정신부하가 발생하는 원인은 다음과 같습니다.

- 작업자가 일이 너무 바빠서 힘들 때 over-load
- 작업자가 하는 일이 너무 복잡해서 힘들 때 over-load
- 이미 하고 있는 일이 있는데 추가적으로 해야 할 일이 주어졌을 때 over-load
- 예상치 않았던 일이 벌어져서 거기에 대응해야 할 때 over-load
- 작업자에게 주어지는 업무의 내용이 지속적으로 일관성이 없을 때 over-load
- 작업자가 책임 질 수 없는 업무에 대한 의사결정을 해야할 때 over-load
- 같은 일을 너무 반복적으로 하면서 지루해 질 때 under-load

9.1.3 주의집중 자원 attention resource의 적절한 사용은 어떻게?

적절한 스트레스는 적절한 주의력을 요구합니다. 작업자의 수행도 perfromance를 극대화하려면, 작업 환경에서의 주의력의 수요 attention demand와 작업자의 주의력 자원 공급 attention supply이 균형을 이루어야 합니다. 작업자의 수행도는 수요 demand에 따른 공급 supply이 발생하는 동안은 최대로 유지됩니다. 그러나 수요가 계속 늘어나면 공급 supply이 이를 감당하지 못하고 수행도 performance가 줄어드는 것을 볼 수 있습니다. 이와 같은 현상은 작업자들이 일상에서 경험하는 것입니다. 이 "Resource Demand-Supply" 그래프의 시사점은 주의력을 요구하는 강도나 시간대를 적절하게 설계하여 수행도가 급격히 떨어지지 않도록 설계해야 한다는 것입니다.

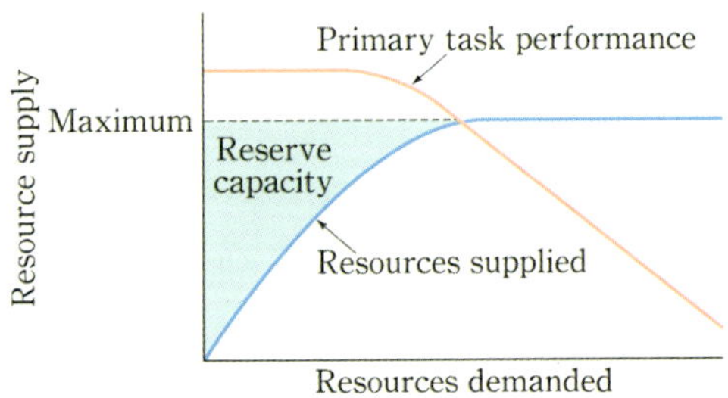

그림 9-2 | 주작업 (primary task)을 수행하는 동안 주의집중자원 (attention resource)의 수요 (demand)와 공급(supply) 간의 관계 (Wickens and Hollands, 2000)

9.1.4 실수를 예방하는 적절한 정신 부하?

주의집중 자원의 수요와 공급이 불 일치하면 수행도가 떨어지는 것과 마찬가지로, 실수를 예방하기 위해서는 작업 환경이 요구하는 정신 부하와 이를 감당하기 위하여 작업자가 노력으로 만들어 내는 정신적 에너지 간의 적절한 Match가 이루어져야 합니다. 이러한 부하량의 적절한 Match 정도와 사고의 위험성간의 관계를 설명하는 것이 "Demand–Effort Model"입니다[16)17)18)].

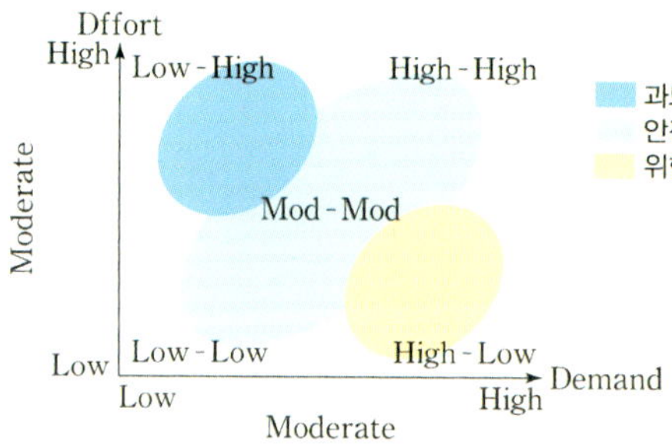

그림 9-3 | Demand–Effort Model 개념도: 운전자의 노력(Effort)과 운전의 난이도 (Demand)와의 관계 (김정룡 외 1인, 2002)

위 그림의 X축은 도로 및 운전 환경에 따른 주의집중 요구[demand]를 의미하고 있고, Y축은 운전자 주의집중 자원을 활용하려는 노력[effort] 정도를 의미합니다. 예를 들어 설명하면, 복잡한 산길을 운전하는 경우, 운전자가 적절한 긴장을 유지하면 안전운전을 하게 되고, 반면에 잘 설계된 고속도로라 할지라도 운전자가 긴장의 끈을 늦추고 과속하면 사고의 위험성이 높아집니다. 이 모델은 실제 한국도로공사의 사고 데이터를 근거로 구축되었습니다. 즉 도로의 운전 난이도

16) 김정룡, 윤상영 (2002), "The Development of Diagnostic Model to Evaluate Road–Driver Compatibility", The Japanese Journal of Ergonomics, 38, 76–79

17) 김정룡, 윤상영 (2004), "운전자 주행 적합성 진단을 위한 연구 3: 진단모델 개발 및 검증" 대한산업공학회, 30(1), 58–64.

18) 정봉조, 장명순, 김정룡, 박재완 (2005) "Demand/Effort 모형의 수준 결정을 위한 수리적 방법 연구", 대한인간공학회, 24 (1), 9–17

와 운전자의 정신적 노력이 적절하게 Match 되면 안전운전 가능성이 높고, 그렇지 않으면, 안전하게 설계된 도로라도 사고 위험이 있다는 것입니다. 이 모델은 고속도로가 모든 건설안전기준을 완벽하게 충족하는데도 불구하고 발생하는 사고를 설명하는 도구로 사용될 수 있습니다. 안전한 고속도로는 도로 환경뿐 아니라 운전자의 심리적 요인을 고려하여 만들어져야 합니다. 적절한 스트레스 또는 정신부하 상태에서 가장 안전한 운전상황이 이루어질 수 있습니다. 이런 심리학적 고려는 사고를 예방하고, 궁극적으로 귀중한 사람의 생명을 구할 수 있습니다. 공학도가 왜 심리학 이론을 배워야하는지를 잘 설명해주는 경우입니다.

9.2
설문지 작성이 이렇게 까다롭다고?

정신 부하를 측정하기 위해서 우선 할 수 있는 일은 설문을 작성하여 물어보는 것입니다. 설문은 다양한 연구에 광범위하게 활용되고 있어서, 특별한 전문성 없이 만들 수 있는 것으로 오해되기 쉽습니다. 그러나 설문을 어떻게 만드느냐에 따라 그 결과가 크게 달라질 수 있습니다.

9.2.1 카테고리별로 질문 정리하기

설문하려고 하는 내용을 카테고리별로 사전에 정리해야 유사한 질문이 중복되거나 혼동되는 것을 예방할 수 있습니다. 즉, 카테고리의 내용이 독립적 independent 인지를 검토해야 합니다. 예를 들어 연봉 수준을 물어보는 카테고리가 있고 동시에 자산 수준을 물어보는 카테고리가 있다면 이는 서로 독립적이지 않다고 할 수 있습니다. 이 경우는 경제적 수준이라는 하나의 카테고리 안에 두 개의 문항을 같이 사용하는 것이 맞습니다.

9.2.2 클래스 계층 class hierarchy에 따라 물어보기

설문의 내용에서 개념상 상위 또는 하위에 연상되는 질문이 같은 클래스에 섞여 있는지 확인해야 합니다. 운송수단에 관한 질문을 예로 들면, 가장 높은 클래스는 자동차, 비행기, 선박이 되고 그 다음 클래스는 승용, 트럭, 버스 등이 되고 그 다음 클래스는 세단, SUV, 해치백이 됩니다. 잘못된 질문의 예를 들면 다음과 같습니다.

"다음 중 현재 당신의 주거하는 건물의 형태는?"
1. 독립 주택, 2. 아파트, 3. 오피스텔, 4. 연립주택, 5. 방 2개 이상

이때 5번 선택지가 다른 선택지와 비교해서 다른 클래스에 있는 것을 알 수 있습니다.

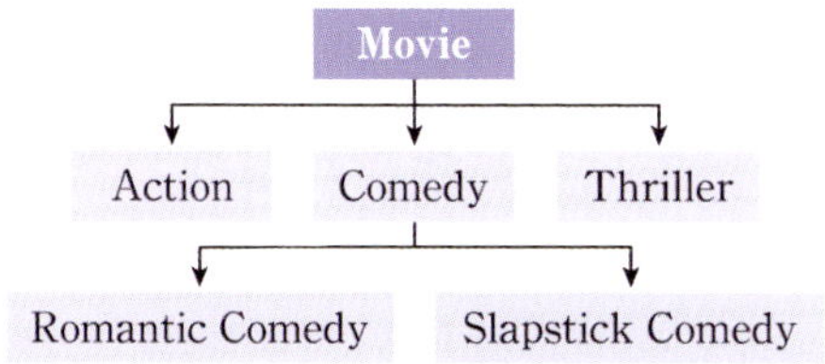

그림 9-4 | 클래스 계층구조의 예(https://www.researchgate.net/figure/Sample-class-hierarchy_fig2_228538547)

9.2.3 긍정문과 부정문을 막 섞어 쓰지 않기

긍정 형태의 문장을 기본으로 하되 부정의 부정 같은 표현을 사용하지 않습니다. 질문자에게는 단순한 질문처럼 보여도 답변자에게는 순간적으로 혼동을 일으키는 질문일 수 있습니다.

- 잘못된 예 : 당신이 평소에 좋아하지 않는다고 생각하는 음식이 아닌 것은?
- 개선 예 : 평소에 당신이 좋아한다고 생각하는 음식은?
- 잘못된 예 : 당신이 불편하다고 생각되는 것 중 가장 적게 불편한 순서대로 표시하시오.
- 개선 예 : 당신이 편안하다고 생각하는 순서대로 표시하시오.

9.2.4 Likert scale의 숫자 크기에 따른 의미를 일관되게 사용하기

Likert scale의 순위척도 ordinal scale를 사용하되 높은 숫자의 의미와 낮은 숫자의 의미의 일관성을 유지해야 합니다. 즉, 적은 숫자가 긍정적이든 높은 숫자가 긍정적이든 일관성이 필요합니다. 한편, 설문의 신뢰도를 높이기 위해 의도적으로 긍정 및 부정을 나타내는 숫자의 크기를 일관된 방향성이 없게 설계하여 불성실 응답자를 가려내기도 합니다. 이 경우는 설문 이후 자료 입력 시 원래 설계된 대로의 의미적 일관성을 유지할 수 있도록 점수를 수정 입력해야 합니다. 간단하지만 설문 작성자와 분석자가 다를 경우, 실수하기 쉬운 내용입니다. 특이한 점은 설문에 사용되는 숫자 1–매우 나쁨, 2–나쁨, 3–보통, 4–좋음, 5–매우 좋음은 순위척도 ordinal scale이지만 통계처리 시에는 등간척도interval scale로 간주된다는 사실입니다. 이는 1등, 2등, 3등을 1점, 2점, 3점으로 간주하는 셈이므로 수학적으로는 위반violation이지만, 이를 감수하고 통계처리에 사용하는 특별한 경우입니다.

9.2.5 Likert scale의 심리적 거리의 차이를 이해하기

Likert Scale의 3단계, 5단계, 7단계를 결정할 때 심리적 거리Psychological distance를 고려해야 합니다. 각 항목이 점수상으로는 같은 비율로 분포되어 있지만, 3과 4 사이의 심리적 거리와 4와 5사이의 심리적 거리가 다르게 느껴진다는 것입니다. 3에서 4로 응답을 바꾸는 것보다 4에서 5로 응답을 바꾸는 것이 더 부담스럽게 느껴진다는 것입니다. 이러한 극단의 표현을 피하려는 심리적 경향성 때문에, scale이 더 촘촘해지면 극단 값에 도달하기 위한 심리적 거리가 커져서, 극단 값에 반응하는 비율이 낮아지기도 합니다.

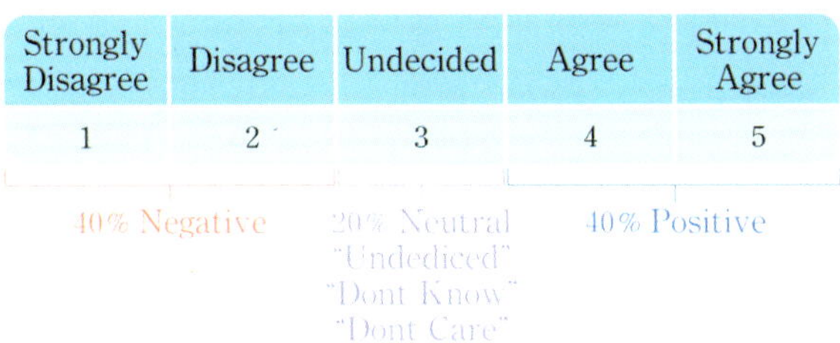

그림 9-5 | 1-2간 간격과 2-3간 간격의 심리적 거리가 다를 수 있음. 마찬가지로 3-4간 간격과 4-5간 간격의 심리적 거리가 다를 수 있음. Scale이 촘촘해질수록 극단 값에 반응하는 경우가 적어질 수 있음

9.2.6 필요에 따라 신뢰도 검사를 실시하기

같은 의도 다른 문장의 설문을 통해서 설문 응답자가 일관된 답을 하는지 확인함으로써 설문 결과의 신뢰도를 측정할 수 있습니다. 아래의 2가지 설문은 내용상 같은 질문입니다. 만일 응답자가 전혀 다른 응답을 했다면, 응답자의 신뢰도가 낮아질 수 있습니다.

유사한 질문으로 응답자의 신뢰도를 확인하기 위한 설문 예:

- 설문 1 : 규칙적으로 운동하는 것이 당신의 건강에 도움이 된다고 생각하십니까?
- 설문 13 : 당신은 건강을 회복하기 위해 운동 프로그램에 규칙적으로 참여하는 것이 필요하다고 생각하십니까?

또 다른 방법으로는 반대되는 질문을 함으로써 응답자가 이를 꼼꼼히 읽고 대답했는지를 확인하기도 합니다. 만일 응답자가 상반되는 질문에 대해 같은 답을 했다면 응답자의 신뢰도가 낮아질 수 있습니다.

예로 "다음 중 건강을 위해 반드시 지켜야 할 일은?"이라는 질문에 규칙적으로 운동하는 것이 매우 좋다고 답변하고 동시에 건강을 위해 반드시 밤에 라면을 먹어야 한다고 답변한 경우라면 신뢰도가 낮은 응답자로 분류될 수 있습니다.

	매우 나쁨(1)	나쁨(2)	보통(3)	좋음(4)	매우 좋음(5)
규칙적으로 운동하기					○
밤에 라면 먹기					○

그림 9-6 | 의도적으로 방향성을 바꾸어 설문하는 경우. 불성실 응답자를 가려내어 신뢰도를 높이려는 목적으로 사용되기도 함

9.3 스트레스를 측정하는 방법들

9.3.1 NASA TLX

정신부하와 신체 부하를 동시에 짧은 시간 안에 측정하기 위해 NASA가 만든 설문지입니다.

이 설문지에서는 정신부하, 신체부하, 시간압박, 수행도, 노력도, 좌절정도의 6가지 항목을 물어봅니다. 각각의 항목이 매우 포괄적이지

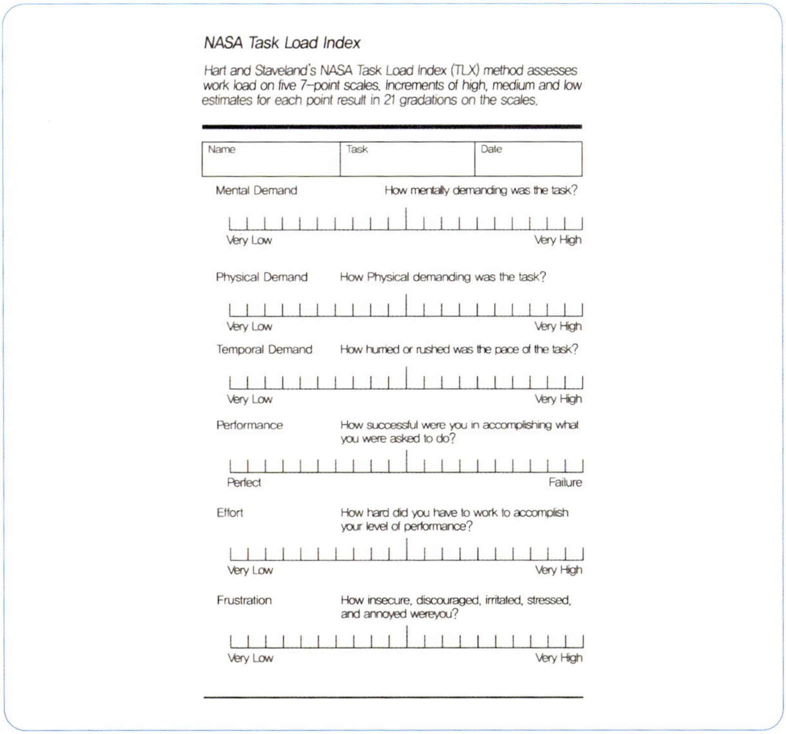

NASA Task Load Index

Hart and Staveland's NASA Task Load Index (TLX) method assesses work load on five 7-point scales. Increments of high, medium and low estimates for each point result in 21 gradations on the scales.

Name	Task	Date

Mental Demand — How mentally demanding was the task?

Very Low — Very High

Physical Demand — How Physical demanding was the task?

Very Low — Very High

Temporal Demand — How hurried or rushed was the pace of the task?

Very Low — Very High

Performance — How successful were you in accomplishing what you were asked to do?

Perfect — Failure

Effort — How hard did you have to work to accomplish your level of performance?

Very Low — Very High

Frustration — How insecure, discouraged, irritated, stressed, and annoyed wereyou?

Very Low — Very High

그림 9-7 | NASA TLX 설문지

만 상호 독립적인 질문이어서 그 효과성이 검증된 설문지입니다. 짧은 시간에 전반적인 스트레스 수준을 측정하는데 유용하게 사용될 수 있습니다.

9.3.2 심박변이도 Herat Rate Variability: HRV

스트레스의 변화를 측정하는데 사주 사용되는 생리지표입니다. 일반적으로 심박 변이도가 높아지면 스트레스가 증가했을 가능성이 높아집니다. 최종적인 해석은 다양한 생리지표와 상호 비교를 통하여서 이루어집니다. 생리신호 처리의 경우 시간범위분석 Time domain analysis 을 통해 RR 간격 R-R interval의 변화 정도를 통계적으로 분석합니다. 이를 응용한 바이오마커로는 SDNN index mean of s.d. of the normal R-R interval for 5 min., RMSSD root mean square differences of successive R-R interval 등이 있습니다. NN 간격 NN interval은 필터링된 자료의 R−R interval 값입니다. 특별한 noise나 spike가 없을 경우 NN과 RR은 같은 값을 가집니다. 한편 주파수범위 분석 frequency domain analysis을 사용하여 시간범위 분석 time domain analysis에서 발견되지 않았던 생체신호의 특성을 구분해 내기도 합니다. 이를 응용한 바이오마커로는 TP total power, VLF very low frequency, LF, HF, norm HF, norm LF, LF/HF ratio 등이 있습니다.

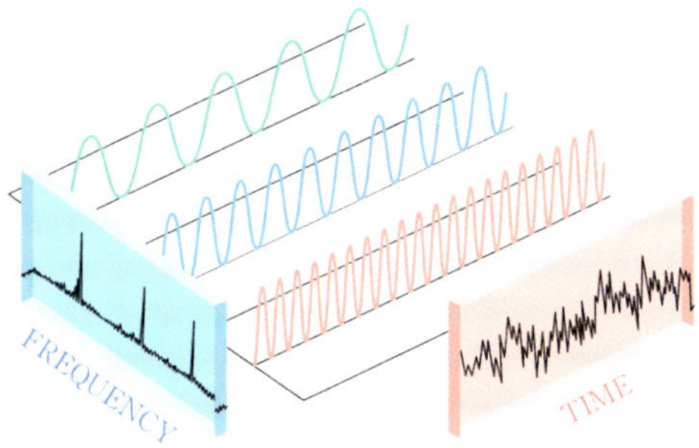

그림 9-8 | 시간범위분석과 주파수범위분석이 가능한 신호의 개념도 (https://44vs.blogspot.com/2015/04/fft-fast-fourier-transform-spectrum.html)

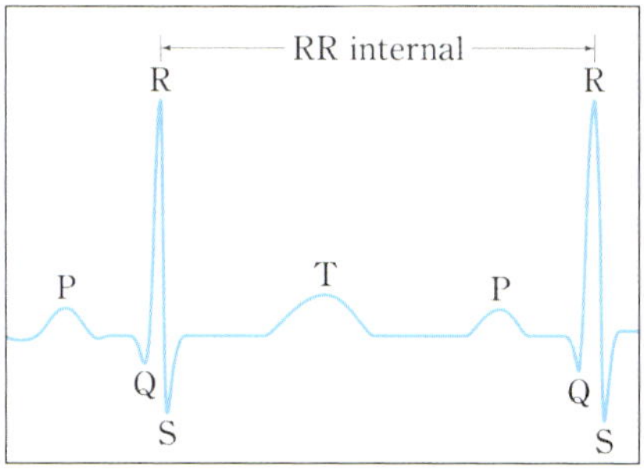

그림 9-9 | 심전도(ECG) 자료의 대표적 파형 특성과 파형 명명법

9.3.3 뇌전도 Electroencephalogram: EEG

뇌를 사용할 때 발생하는 전기생체신호를 외부 부착 센서를 통해 감지하고 이를 증폭하여 관찰하는 장비입니다. 뇌에는 출생 시부터 약 600에서 1000억 개의 신경세포 즉 뉴런 neuron이 존재하고 이를 연결하는 시냅스 synapse의 수는 수천억 개에 달한다고 추정하고 있습니다. 사람이 뇌를 사용한다는 것은 뉴런이 활동을 시작하고, 시냅스를 통

한 정보 교환이 이루어지면서 활동전위 action potential라 불리는 미세전류가 발생하는데, 이를 측정한 값이 EEG입니다. 이 EEG를 주파수 대역별로 분석하여 델타(δ), 세타(θ), 알파(α), 베타(β), 감마(γ)파로 구분하고 각각의 주파수대역이 나타내는 뇌의 활동 특성을 분석합니다.

표 9-1 | 일반적으로 알려진 뇌파 주파수에 따른 신체 상태의 특성

뇌파분류	주파수(Hz)	출현 관련 조건
δ파 (델타파)	0.5~4	• 깊은 수면 상태
θ파 (세타파)	4~8	• 깊은 명상이나 이완상태 • 졸릴 때(1차 수면 상태)
α파 (알파파)	8~12	• 정신적 안정상태에 있을 때 • 기분이 편안하고 느긋할 때 • 외부자극에 습관화된 행동이 나타날 때
β파 (베타파)	13~30	• 각성상태로 활발한 정신활동을 할 때 • 긴장할 때
Γ파 (감마파)	31~50	• 의식적 각성 상태, 고도의 집중 • 초조한 상태

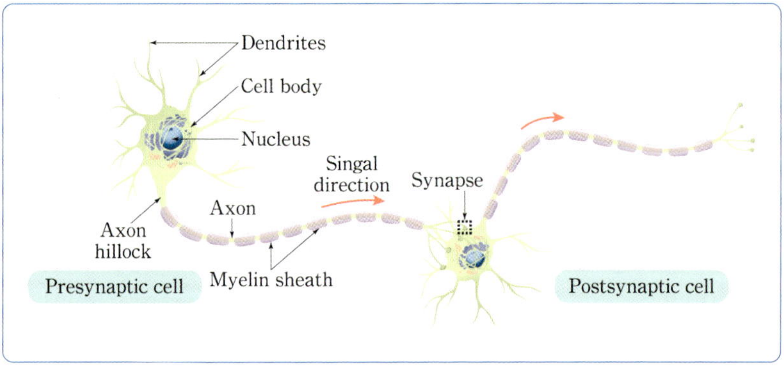

그림 9-10 | 뉴런의 구조와 활동전위(action potential signal)의 이동 (https://brunch.co.kr/@cogsciin/42)

9.3.4 피부전기저항 Galvanic Skin Resistance: GSR

Galvanic Skin Response라고 표현되는 GSR은 땀과 같은 피부 표면의 체액에 포함된 전해질 물질의 양에 따른 피부저항의 크기를 측정하는 장치입니다. 우리의 몸의 전해질에는 양이온 Na^+(소듐), K^+(포타슘), Ca^{++}(칼슘), Mg^{++}(마그네슘)과 음이온 Cl^-(염소), HCO_3^-(중탄산), SO_4^{--}(황산), HPO_4^{--}(인산)이 있습니다. 사람이 초조하거나 힘이 들면 땀을 포함한 체액이 전해질과 함께 분비되고, 전기의 성질을 갖고있는 전해질은 전류의 흐름을 증대시키고, 동시에 피부 저항을 낮추게 됩니다. 이런 원리를 사용하여 사람이 경험하고 있는 심리적 상태를 추정합니다. 이러한 측정 방법은 뇌파와 함께 거짓말 탐지기에도 사용됩니다.

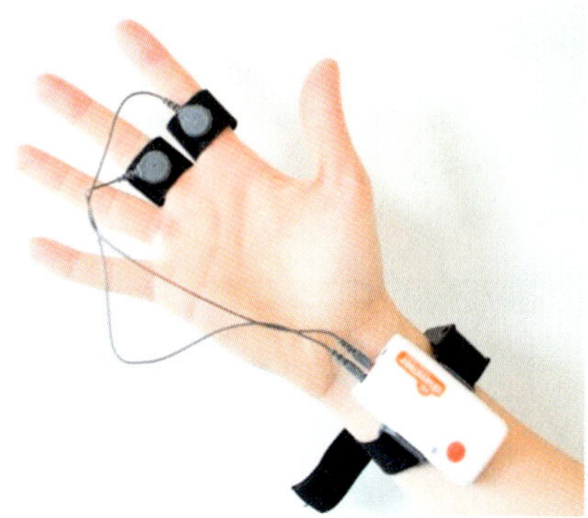

그림 9-11 | 피부전기저항 측정의 예 (https://www.futureproofinsights.ie/2021/04/08/all-you-need-to-know-galvanic-skin-response-gsr/)

9.3.5 말초혈류량 Peripheral Plethysmography: PPG

센서로부터 입사되는 적외선이 혈액에 흡수 또는 반사되는 양을 측정하여 혈류량 및 심박률을 기록합니다. 혈액에 포함된 적혈구의 붉은 색을 활용한 광학적 측정 방법입니다. 긴장, 초조한 상황에서 근육이 긴장하여 혈관의 수축이 발생하면 말초혈관마저 영향을 받아 혈류량이 줄어들면 PPG 값이 내려갑니다. 이러한 방법으로 심리적 동요에 의한 심장박동의 변화 및 혈관 수축의 결과를 측정할 수 있습니다.

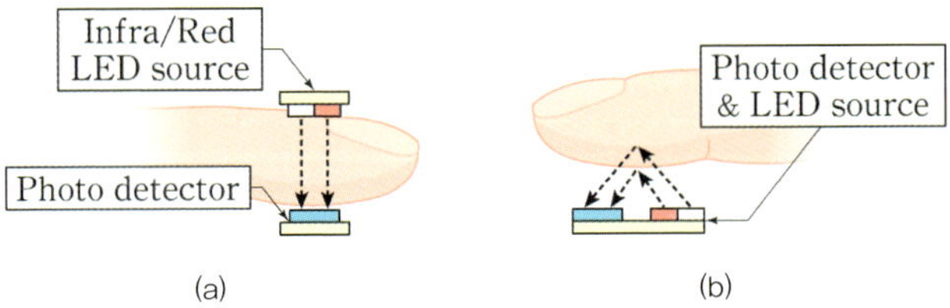

그림 9-12 | PPG센서의 기본 이론 (a) transmission (b) reflection mode (https://doi.org/10.3390/ecsa-7-08204)

9.3.6 시선추적기 Eyetracker

카메라를 사용하여 동공 pupil의 위치 coordinate, 크기 diameter, 움직이는 속도 velocity, 가속도 acceleration, 눈깜박임을 고려한 시선 중단 시간 flickering, 시선 고정 fixation 등을 측정합니다. 예로, 동공이 커지는 경우 어두운 환경에 적응 암순응하기 위하여 커지고, 놀라거나 무엇엔가 더욱 집중하기 위해 커지는 경우가 있습니다. 눈이 피로하면 눈깜박임이 늘어나고 이를 측정합니다. 이러한 다양한 눈의 Kinematic 생체운

동학적 정보를 가지고 사람의 인지 부하를 추정하기도 합니다. 한편 동공이 한 곳에서 다른 곳으로 점프하듯이 이동하는 현상을 Saccade라고 부릅니다. Saccade의 속도가 늘어나면 눈이 빠르게 주변 상황을 검색하고 있다는 것을 알 수 있고, 이때의 이동 시간, 속도, 가속도는 눈과 연결된 뇌의 인지 활동의 정도를 추정하는 데 사용될 수 있습니다.

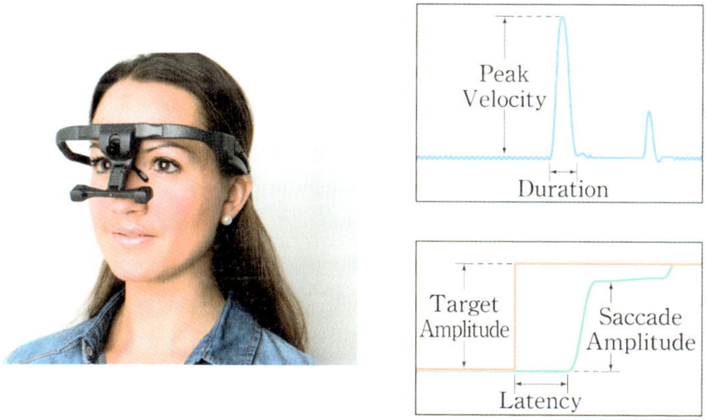

그림 9-13 | Procare사의 Eyetracker. 다양한 제작사의 제품이 있음 (https://www. procarebv.nl/product/ergoneers-dikablis-glasses-3-eye-tracker) Saccade가 발생하는 운동학적 현상. (https://www.researchgate.net/figure/Saccadic-eye-movement-parameters-doi101371-journalpone0022410g002_fig7_51531251: 우)

9.3.7 Facial Movement

최근에는 표정만으로 인지 부하를 측정하는 시도들이 일어나고 있습니다. 다양한 인공지능을 활용한 얼굴인식 기술과 광학 기술이 발전함에 따라, 정밀한 카메라로 사람의 얼굴 표정과 얼굴 근육의 변화를 측정하여 감정 상태를 판독할 수 있고, 이에 따라 스트레스 여부도 어느 정도 측정이 가능합니다. 그러나 심리적 상태에 따른 표정 변화는 문화 인류학적 차이가 있어, 설령 빅데이터를 사용하더라도, 판별 능력의 한계가 분명히 존재합니다.

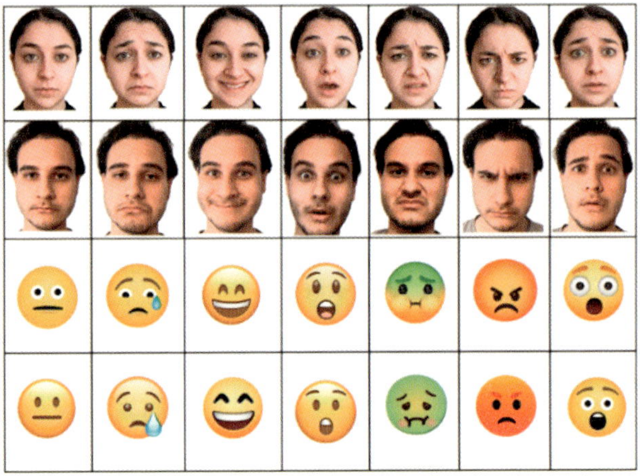

그림 9-14 | 얼굴 표정을 인식하고 이를 이모지(emoji)로 표현하는 예 (https://doi.org/10.3390/bs13030278)

9.4
스트레스를 관리하는 방법

9.4.1 스트레스가 인지과정에 미치는 영향들

사람이 과다한 스트레스를 받으면, 인지과정에 필수적인 뇌의 기능이 전반적으로 타격을 입습니다. 예로, 주의력 축소 attentional narrowing

와 과다한 주의분산 distraction이 발생하여 정상적인 선택적 집중 selective attention이나 주의집중 focussed attention을 방해합니다. 이와 동시에 주의집중 자원 사용이 비효율적으로 운영되어 작업기억도 제한되고 working memory loss 이로 인한 업무 저하가 일어납니다. 주의력 축소는 인지 활동의 유연성을 떨어뜨리고, Cue를 놓치게 되고, 심지어 기존의 정보만을 유지하려는 경향 preservation으로 인해 고정편향이나 확증편향이 심해지기도 합니다. 결국, 스트레스는 인적오류를 발생시키는 매우 중요한 요인이므로 스트레스 상황에 대처하지 못한 책임을 개인에게만 돌리지 않아야 합니다. 구조적인 요인이 있는지를 발견하여 이를 시스템적으로 해결하려는 노력이 필요합니다.

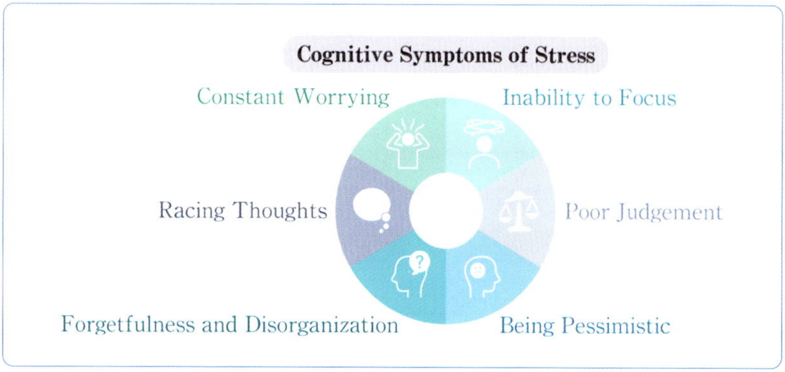

그림 9-15 | 스트레스가 인지과정에 미치는 영향 (https://www.facebook.com/ExerUrgentCare/photos/a.1187465064657204/5303204176416585/)

9.4.2 스트레스를 극복하기 위한 게으른 전략

1) 스트레스의 원인을 제거하기 위한 결정이나 행동을 무조건 뒤로 미룹니다.

2) 자신에게 직접적인 손해가 발생하는 경우가 아니라면, 그저 아무 것도 하지 않으면서 버팁니다.
3) 자신이 감당할 수 있는 정도로 목표치를 낮춰버립니다. 이 때 자신의 생각을 합리화 하는데 유리한 정보만을 사용합니다.
4) 의식적으로 스트레스를 심각하게 생각하지 않고, 별 것이 아닌 스트레스로 심리적 재평가 cognitive appraisal를 해서 대처합니다.

9.4.3 스트레스를 극복하기 위한 부지런한 전략

1) 스트레스가 2개 이상 동시에 존재할 때는, 둘 중의 하나가 약화됩니다. 이런 현상을 이용하여 스트레스를 다른 스트레스로 이겨나갑니다.
2) 활동성이 높은 사람은 스트레스가 온다고 감지되면 스트레스가 될만한 일들을 사전에 차단합니다. 정적인 성향의 사람은 닥친 후에 이것들을 빨리 극복하려는 전략을 세웁니다.[19)]
3) 훈련을 통해 전문성이 생기면 문제 해결 능력이 높아지고 스트레스를 해결할 수 있는 메타인지 능력이 증대됩니다. 훈련을 통해 스트레스 극복 능력을 배양합니다.

9.4.4 스트레스를 극복하기 위한 현실적 전략

스트레스의 원인이 어디에서 왔는지를 아는 것이 중요합니다. 대부분 복합적인 이유에 의해 스트레스가 누적되는 경우가 많기때문에 전문가나 경험자의 조언이 필요한 경우가 많습니다.

19) Kuhl, J., & Beckmann, J. (1985). Action control: From cognition to behavior. Heidelberg, Berlin, New York: Springer.

1) 환경적 원인 : 자신과 스트레스를 제공하는 장소나 사람, 사건을 분리합니다. 24시간 동안 분리할 수 없으면, 특정 시간 동안이라도 스트레스의 원인으로부터 분리되는 것이 필요합니다.

2) 심리적 원인 : 심리적 요인이 스트레스의 원인이라면, 자신이 가장 좋아하는 것, 또는 좋아하는 대상에 집중하면서 심리적 원인으로부터의 차단을 도모하는 것이 필요합니다.

3) 신체적 원인 : 수면 부족, 과로, 새로운 운동, 낯선 음식 등이 신체에 부담을 주면서 심리적 스트레스의 원인이라면, 물리적으로 원인을 수정 또는 차단하는 것이 필요합니다.

4) 궁극적으로는 개인 맞춤전략입니다. 그러나 스트레스 자체를 없앨 수 없으면, 긍정 마인드, 운동, 이완, 명상 등의 방법이 스트레스를 감소시켜 줄 수 있습니다. 자신에게 맞는 스트레스 해소법을 찾는 것은 매우 중요합니다.

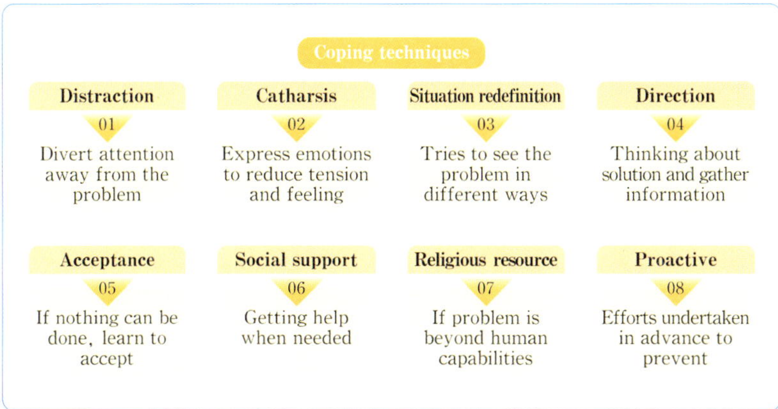

그림 9-16 | 스트레스를 극복하기 위한 다양한 전략의 예 (https://drkumarpsychologist.wordpress.com/2018/12/23/stressful-life-learn-to-cope/)

9.5
9장 주요 내용 복습

9.5.1 Key Words

Mental worklod, Subjective questionnaire, Physiological measures, Coping stress

9.5.2 연습과제

1) Demand-Effort 모델의 "위험 운전 상황"이 Resource supply-demand 관계 그래프의 Primary Task Performance 점선의 어디 위치 쯤에 해당하는지 표시하고 그 이유를 기술해 보세요.
2) 이제까지 받아 본 설문 중에서 설문의 기본 원칙을 지키지 않았던 예를 찾아보고 무엇이 잘못되었는지 기술해 보세요.
3) 생리적 변화에 따라 사람의 심리를 파악하는 상황 또는 제품의 예를 주변에서 찾아 보세요.
4) 본인의 스트레스를 극복하는 전략에 대해 스스로 평가하고 개선점에 대해 기술해 보시오. 전략이 없었다면 어떤 전략이 효과적일지 기술하고 그 이유를 설명해 보세요.

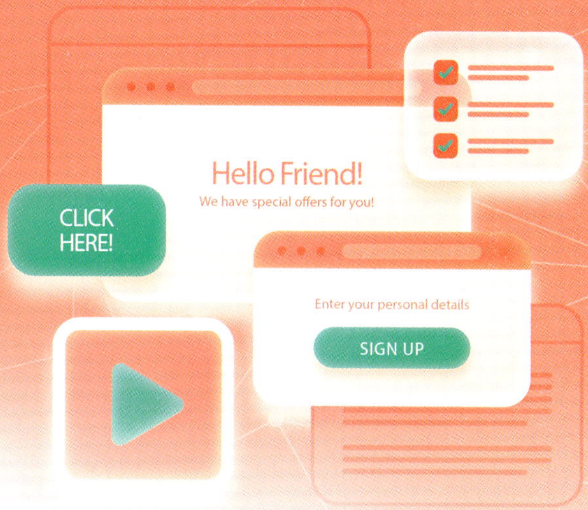

10

정상적인 인간은 반드시 실수한다

인적오류를 다루는 데 있어 두 가지의 잘못된 접근 방법이 있습니다. 첫째는 사람은 일할 때 실수하면 안 된다는 것이고, 둘째는 모든 실수는 부주의에서 비롯된다는 인식입니다. 어찌보면 당연한 말 같지만, 인적오류를 예방하고, 특히 우리 사회가 당면하고 있는 대형 인재를 예방하려면 이러한 인식만으로는 해결이 불가능합니다. 우선, 인간은 기계와 달리 자연스럽게 실수하는 존재이므로 일할 때 실수한다는 것을 전제하고 작업설계가 되어야합니다. 그리고 대부분의 사고의 원인으로 인식되는 부주의한 행동은 누구에게나 발생할 수 있기 때문에, 이 또한 안전설계를 위한 기본 전제가 되어야 합니다. 이를 위해서는 사람들이 언제 어떻게 실수하고 부주의한 행위를 하는지 알아볼 필요가 있습니다.

10.1 인적오류에도 종류가 있다?

인적오류가 의도적이었는지 아닌지에 따라 다른 명칭을 사용합니다. 그리고 오류의 복잡도에 따라 다른 명칭으로 불리웁니다. 이러한 분류는 오류의 원인을 분석하고 이해하는데 도움을 주고 오류를 줄이기 위한 전략을 세우는데도 도움을 줍니다.

10.1.1 의도하지 않은 오류 unintentional error

슬립 slip은 사람의 의도와 상관없이 발생하는 오류입니다. 인지과정의 관점에서 보면 실행오류 execution error에 해당이 됩니다. 대표적으로는 미끄러져 넘어지는 경우가 이에 해당됩니다. 이외에도 trips 걸려 넘어짐, fumbles 공을 놓침 경우도 슬립에 해당됩니다. 한편 랩스 lapse는 반드시 해야하는 행위를 잊고 하지 않는 것을 말합니다. 과거에 외

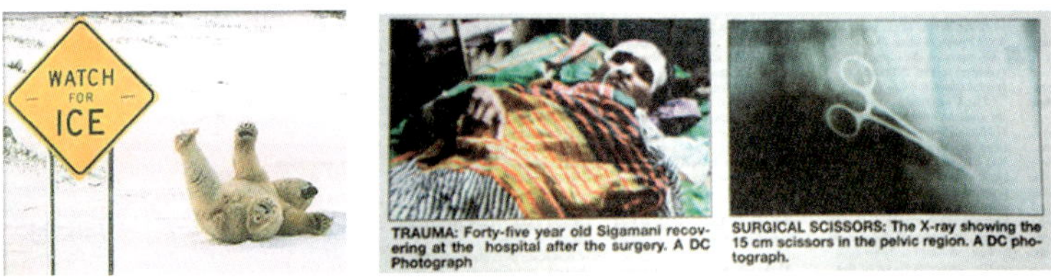

그림 10-1 | 왼쪽은 slip, 오른쪽은 lapse의 예 (https://www.pinterest.co.kr/pin/483644447477588347/ :좌), (https://www.wired.com/2006/11/lost-scissors-f/: 우)

과수술을 받은 환자의 몸에서 15cm 가위가 남아있는 경우가 있었는데, 인지과정의 관점에서 보면 가위를 넣어두었다는 사실을 치명적으로 깜박하고 잊은 경우 memory failure입니다. 흔히 실수 mistake라는 용어가 일반적으로 많이 사용하는데, 정확한 구분을 위해, 의도하지 않은 실수는 슬립이나 랩스라고 부릅니다.

10.1.2 의도대로 되지 않은 오류 intentional error

사람이 특정한 의도를 가지고 실행하였으나, 그 결과가 잘못되면 그릇된 의사결정에 의한 실수 mistake라고 표현하는 게 적절합니다. 예로, "시험이 앞부분에서 많이 출제될 것으로 생각하고 전반부만 집중적으로 공부했는데 결과적으로 시험전략을 잘못 짠 것 같다. 나의 실수 mistake로 시험을 망쳤다."라고 말할 수 있습니다. 즉 실수 mistake는 계획 planning이나 문제 해결실패 problem solving failure를 표현하는 용어로 정의할 수 있습니다.

10.1.3 오류 error와 위반 violation

오류 error를 주로 정보처리상의 문제 information-handling problems으로 본다면, 위반 violation은 동기의 문제 motivational problem입니다. 그러나 이 경우도 그 결과가 사고나 손해로 이어질 수 있기 때문에 인적오류의 카테고리에 포함시킬 수 있습니다. 예를 들면, 해서는 안되는 행위를 거의 무의식적으로 위반했다면 일상적 위반 Routine violation으로 분류하고 (예로 운전 중 일상적으로 스마트폰 사용함), 특정한 상황을 이유 삼아 알고도 위반한 경우라면 상황적 위반 situational violation으로 분류하고 (예로 급히 보낼 메시지가 있어 운전 중 스마트폰 사용), 상황이 더 위급한 경우, 긴급성을 이유로 위반하는 경우, 예외적 위반 exceptional violation 으로 분류합니다. (예로, 앞 차의 사고를 신고하기 위해서 주행 중 스마트폰을 사용함) 이와 같은 분류는 인적오류라는 현상을 복잡하게 설명하는 것 같지만, 인적오류의 원인을 정밀하게 분석하여 사후의 인적오류를 예방하기 위해서는 필수적인 과정입니다.[20)]

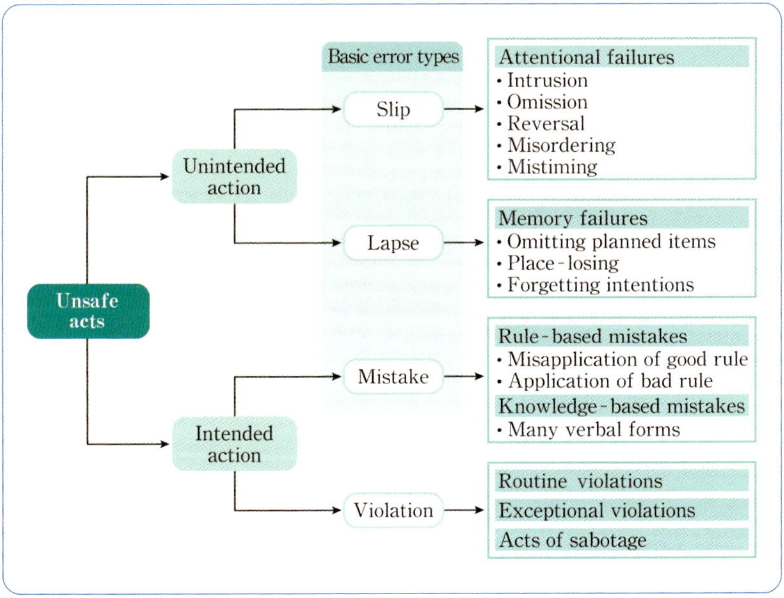

그림 10-2 | 인적오류의 종류 (Reason, 1990)

기술기반적 실수 skill based error 란 말 그대로 단순한 행위를 제대로 실행하지 못하여 생기는 실수입니다. 여기서 기술은 단순하게 학습할 수 있는 수준의 행위나 행동을 의미합니다. 규칙기반적 실수 rule based error sms "If...then..."과 같은 단순 규칙을 따라야하는 상황에서 If

20) Reason, J. (1995) "Understanding adverse events: human factors", Quality in Health Care, 4: 80-89

의 조건에 맞는 후속 행위가 이루어지지 않았을 경우 발생합니다. 지식기반적 실수 Knowledge based error는 기억이나 인지 활동의 문제로부터 발생합니다. 즉 잘못된 의사결정, 제한된 정보나 기억으로 인한 행위 등으로 발생합니다.

10.1.4 Active 즉각적 vs. Latent 잠재적 failure

오류의 결과로 발생되는 실패 failue를 발생시점에 따라 달리 설명하는 용어입니다. 즉각적 실패는 현장에서 오류의 결과가 관찰되는 경우이고, 잠재적 실패는 조직 organizational이나 관리 manegerial 상의 문제가 잠재적 원인이 되어, 일정 시간이 지난 후에 발생하는 사고나 실패를 의미합니다. 이러한 개념은 대형 인재의 원인을 이해하는 데 필요한 용어입니다.[21)]

10.2
대형 인재는 어떻게 막나?

10.2.1 Chain action 때문에 일어나기 어렵다

대형 인재의 경우 사회적 충격이 크고 사람들의 기억 속에 늘 남아있어서, 대형 인재가 끊이지 않는 것 같지만, 역설적으로 대형 인재는 자주 발생하기가 어렵습니다. 그 이유는 대형인재는 다양한 연속된 사건 chain action이 동시에 또는 순차적으로 발생한 경우에만 일어납니다.[21)] 즉, 조직이나 시스템의 원인, 환경적 요인, 사람 요인, 예방

21) Reason, J. (1990) Human Error. Cambridge University Press, Cambridge.

시설이나 장비 요인 등이 모두 동시 다발적으로 실패한 경우에 대형 사고가 발생할 수 있습니다. 사람의 실수는 단지 최종 방아쇠 역할 trigerring에 불과하고 실제로는 사고를 발생시킬 수 있는 잠복 원인 resident pathogen이 같이 작동했다고 보는 것이 맞습니다. 그래서 이러한 잠복 요인 중 어느 하나라도 제거하면 대형인재를 일으키는 chain action을 쉽게 끊을 수 있습니다. 정리하면, 잠복적 실패 latent failure와 즉각적 실패 active failure가 동시에 맞물려 발생하는 것을 예방할 수 있다면 대형 인재를 막을 수 있습니다.

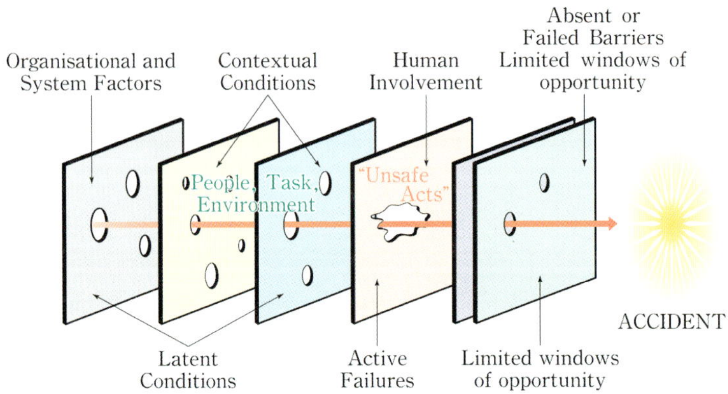

그림 10-3 | Reason (1990)의 스위스 치즈 모델

10.2.2 인적오류를 유발시키는 다양한 잠재적 latent 원인

인적 오류에 의한 사고가 발생하면 이 모든 것이 작업자나 사람의 부주의함으로 낙인찍어 버리는 경향이 있습니다. 이는 정확하지도 안전하지도 않은 분석입니다. 인적 오류에 의한 사고의 원인을 분석

하는 것은 비행기 사고를 분석하는 것과 같이 정밀하고 다각적이어야 합니다.

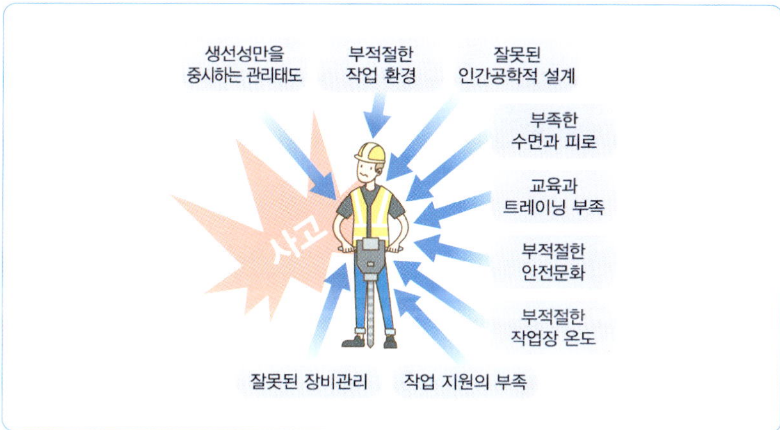

그림 10-4 | 다양한 실수의 잠재적 원인과 trigger역할을 하는 작업자

캐나다 항공 Transport Canada에서 근무하던 Gorden Dupont은 1993년에 "Dirty Dozen"이라는 별칭을 사용하여 인적오류를 발생시키는 원인 12가지를 발표했습니다.[22]

1. Lack of communication 소통 부족
2. Distraction 주의 분산
3. Lack of resources Lack of personnel, time, tools, skill, experience and knowledge etc. 자원의 부족
4. Stress 스트레스

22) https://www.skybrary.aero/articles/human-factors-dirty-dozen

5. Complacency: A state of self-satisfaction with one's own performance coupled with an unawareness of danger, trouble, or controversy. 자만함
6. Lack of teamwork. 손발이 맞지 않음
7. Pressure 주변 압력
8. Lack of awareness 무심함
9. Lack of knowledge 무지함
10. Fatigue: Fatigue is the general term used to describe physical and/or mental weariness which extends beyond normal tiredness. 피로
11. Lack of assertiveness: Assertiveness is a communication and behavioral style that allows us to express feelings, opinions, concerns, beliefs and needs in a positive and productive manner. 우유부단
12. Norms: The way we do things round here 바람직하지 않은 관습

위에서 언급한 바와 같이 사람들은 다양한 잠재적 원인에 의해 영향을 받을 수 있습니다. 결론적으로 인적오류를 다루는 관점과 태도, 즉 인식이 변화되는 것이 궁극적으로 인재를 줄이는 첫걸음입니다. 그러나 한번 고정된 인식은 잘 변화되지 않습니다. 그러므로 훈련받은 UX 디자이너가 인터페이스 설계단계에서 인적오류의 잠재적 원인과 즉각적 원인을 줄일 수 있는 인재 예방업무를 해야 합니다.

10.3 자동화된 시스템과 사람 간의 긴장 관계

10.3.1 자동화의 역설

사람의 실수를 없애기 위해 자동화 시스템이 도입되었습니다. 실제로 항공기에는 자동항행을 위한 다양한 전자기기들이 장착되어 있고, 이러한 장치는 조종사의 작업부하를 줄여주는데 매우 중요한 역할을 담당하고 있습니다. 한 편, 2013년 미국 FAA Federation Aviation Administration의 보고에 의하면 항공기의 자동화 시스템에 과도하게 의지하는 조종사가 그렇지 않은 조종사에 비해 사고를 발생시킬 확률이 높다고 하였습니다. 결국 인적오류를 줄이기 위해 만들어 놓은 자동화 시스템이 또 다른 인적오류를 만들어 낼 수 있는 가능성을 언급하고 있는 것입니다.

또 다른 예가 있습니다. 2015년 영국 항공사 British Airway Flight 여객기는 170명의 승객과 승무원을 싣고 런던에서 미국 라스베가스로 출항예정이었습니다. 여객기가 막 이륙하려고 하는 순간 동체엔진에 갑자기 화재가 발생하였습니다. 이 때 조종사는 순간적인 판단으로 항공기의 엔진을 수동으로 끄고 비행기를 정시시키고 비상 탈출을 시도하였습니다. 결국 전원이 안전하게 대파했고 슬라이드로 탈출 시 27명만이 가벼운 찰과상을 입고 마무리되었습니다. 이 때, 조종사가 이륙하기 위해 작동중인 항공기를 강제로 정지시키지 않았다면 엄청난 인명사고가 발생할 수 있는 위급한 상황이었습니다. 이 사건은 자동화 automation와 사람의 개입 Human Intervention이 조화를 이루어야 인적오류에 의한 피해를 막을 수 있는지를 보여주는 예라고 할 수 있습니다.

자동화는 생산성을 높이고 인적오류를 감소시키는 유익한 시스템입니다. 그러나 자동화에 대한 과다한 신뢰는 오히려 대형사고를 유발하는 원인이 될 수도 있습니다. 사람의 개입이 쉽게 이루어질 수 있는 자동화 시스템을 어떻게 설계하고 운영할 것인지에 대한 공학 디자이너의 고민은 계속되어야 합니다.

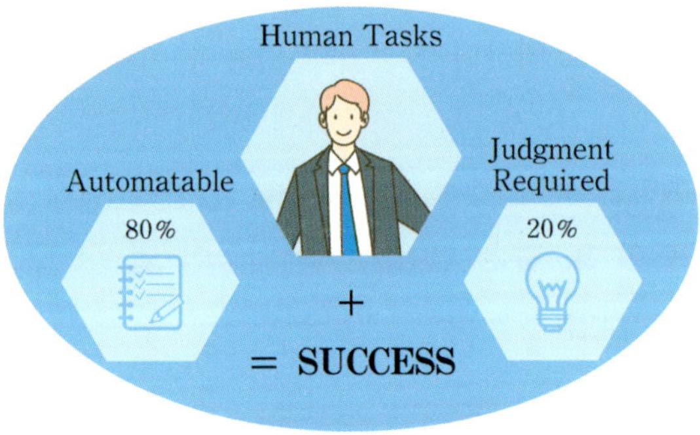

그림 10-5 | 자동화 (automation)과 인적 개입 (Human Intervention)이 동시에 적절하게 이루어지는 것이 최적의 결과를 줄 수 있음 (https://avr-global.com/technical-articles/ successfully-implement-automation/)

10.3.2 사람은 얼마나 믿을 수 있나?

사람이 실수하면, 주변에서는 실수한 사람을 불성실하고 주의력이 좋지 않은 사람으로 낙인찍는 stigmatize 경우가 있습니다. 이러한 현상은 인격적으로도 부당하고, 실제 사람이 가진 자연적인 능력의 관점에서도 부적절한 평가입니다. 물론 사람의 기능적 신뢰도는 기계의 기능과 비교하면 형편없이 낮은 신뢰도 reliability를 가지고 있습니다.

사람의 신뢰도를 표 10-1과 같이 표현할 수 있습니다. 사람의 신뢰도는 스트레스가 어느 정도인가에 따라 달라지고, 사람이 가지고 있는 숙련도가 어느 정도인가에 따라서도 달라집니다.[23] 표 2에서 보여주듯이 스트레스의 증가에 따라 실수 확률은 급격히 높아지고, 숙련도마저 없으면 더욱 높아집니다. 이처럼 사람은 외부의 영향에 의해 5배에서 10배까지도 실수 확률이 높아지는데도, 사람의 실수가 허용되지 않는 업무영역이 너무나도 많이 있다는 것은 시스템 설계자에게 경종을 울리는 일입니다.

표 10-1 | 실수 발생확률을 통한 인적 신뢰도 비교[23]

실수 확률의 증가 정도 (Model accounting for stress and experience in performing routine tasks)		
스트레스 정도 (stress level)	**숙련자** (skilled)	**초보자** (novice)
매우 낮음 (very low)	2배	2배
적당함 (optimum)	평소와 동일	평소와 동일
약간 높음 (moderately low)	2배	4배
매우 높음 (extremely low)	5배	10배

23) S. D. Miller & A. Swain, (1992) "Human reliability and human factors in complex organizations" in G. Salvandy (ed.), Handbook of Human Factors, New York: John Wiley & Sons, Inc.

10.4
오류 error를 표현하는 기술적 용어

10.4.1 시스템 에러 system error

시스템 에러는 반복되는 발생원인을 파악할 수 있는 경우를 말하며, 측정기기 문제를 포함한 실험 전반을 통해 발생할 수 있는 다양한 원인과 관련되어 있습니다. 기기의 문제라면 일반적으로 에러의 발생이 규칙적으로 관찰 될 수 있으나, 사람과의 인터랙션이 관여되어 있다면 랜덤에러와 같은 형태로 나타날 수 있습니다.

10.4.2 실험 에러 experimental error

실험 에러는 실험자의 자료입력 실수, 사용하는 기기 오류, 실험 설계 experimental design상의 오류, 또는 예상치 못한 요인이나 환경에 의한 오류를 포함합니다. 모든 실험은 사회현상과 자연현상을 실험실이라는 한정된 공간에서 simulation하는 과정이기 때문에 필연적으로 실험 에러가 발생합니다. 다만 이러한 에러가 크지 않도록 통제함으로써, 실험 결과가 실제의 현상을 분석 또는 예측할 수 있도록 하는 것입니다.

10.4.3 랜덤 에러 random error

랜덤 에러는 불규칙하고 원인이 불분명하며, 측정 과정이나 기기의 문제, 또는 실험자의 미 숙련도의 영향을 받기도 합니다. 에러의 발생은 태생적으로 랜덤한 형태로 나타나고 완전히 제거하기가 어렵습니다. 한편 에러 발생의 원인과 과정이 나중에 밝혀지더라도, 에러가 랜덤한 확률로 발생한다면 랜덤 에러로 불리웁니다.

10.5
10장 주요 내용 복습

10.5.1 Key Words

Error 분류, Chain action, Human intervention vs. automation, Human reliability

10.5.2 연습과제

최근에 경험했던 실수 또는 언론에 보도되어진 사고 내용을 예를 들고

1) 어떤 종류의 인적 오류인지 정의하고,

2) 그 원인이 무엇이었는지,

3) 어떻게 예방할 수 있을지 이제까지 수업에서 학습한 개념들을 사용해서 기술해 보세요.

11

인공지능이 우리를 속이기 전에

인공지능이라는 것은 복잡한 통계적 알고리듬을 사용할 수 있게끔 컴퓨터에 코딩해 놓은 것입니다. 코딩은 정직합니다. 그러나 알고리듬을 선택하는 과정이나 학습용 데이터를 선택하는 과정에서 편향이 문제가 될 수 있습니다. 또한 인공지능이 계산해 낸 결과를 알기 쉽게 보여주기 위해 해석의 단계에서도 개인적 견해가 들어갈 여지가 있습니다. 그런 의미에서 인공지능이라 할지라도 완전한 중립, 완전한 탈 편향은 존재하기 어렵습니다. 다만 과편향을 줄이는 노력만 있을 뿐입니다. 이번 Chapter에서는 가장 빈번히 발생하는 데이터 편향의 종류와 내용에 대해 알아보겠습니다.

11.1 자료 선택편향 Data Selection Bias

데이터 편향의 대표적인 사례가 선택편향입니다. 자료 선택이 편향되는 여러 가지 원인 중에 몇 가지를 소개합니다.

11.1.1 사전 적합성 판정 data screening

연구자가 특정한 연구목적을 위해, 기준에 맞지 않는 데이터를 사전에 탈락시키는 경우입니다. 물론 이 때 데이터의 질이 떨어지거나 연구목적과 무관하여 제외시키는 것이 타당할 수 있습니다. 그러나 인공지능이 기계적으로 특정 조건의 데이터를 탈락시키는 경우, 이 과정에서 데이터가 편향될 위험을 배제할 수 없습니다.

11.1.2 인구통계적 선택 demographic selection

연구의 목적 상 특정 연령, 성별, 지역, 경제 환경 등의 조건에 맞는 대상자의 데이터를 선별적으로 사용하여야 하는 경우입니다. 이러한 선택은 모든 연구자들에게 해당됩니다. 그러나 인공지능은 편향된 인구 데이터에 의한 연산의 결과를 전체 인구를 대표한 것처럼 알려주게 됩니다. 인공지능이 어떤 데이터를 검색하여 사용하였는지를 일일이 확인하기 어렵기 때문입니다. 예로 여성이 Facebook, Instagram을 더 많이 사용하는 반면 남성은 Reddit, Twitter과 같은 서비스에서 더 많이 사용하므로, 인공지능이 어떤 데이터를 활용했느냐에 따라 데이터 편향에 의한 결과가 나타날 수 있습니다.

11.1.3 노출자료 우선선택 exposed data selection

흔히 인터넷에 올라온 자료들이 방대하므로 이를 이용하여 인공지능을 학습시키고 경향성을 분석하는 경우가 자주 있습니다. 이 때, 포털에 노출이 많이 된 자료를 중심으로 인공지능은 학습을 하게 됩니다. 그러나 노출이 많이 된 자료가 실제로 사람들이 생각하는 내용과 일치하지 않을 수 있습니다. 노출을 꺼리는 개인의 생각이나 자료들이 누락이 된 경우, 인공지능의 분석은 편향될 수밖에 없습니다. 예로 위키피디아 Wikipedia는 접근성이 높아 모두가 함께 만들어 가며 자유롭게 의견을 제시할 수 있는 반면 악의적으로 잘못된 정보를 입력할 수도 있습니다. 이러한 자료를 사용하여 인공지능이 학습을 하는 경우 편향적인 학습이 발생할 가능성이 있습니다. 그러므로 노출 빈도가 너무 높거나 내용의 질을 보장할 수 없는 경우에는 인공지능의 자료 편향이 발생할 수 있습니다.

11.2 자료 미완성 편향 Incomplete Data Bias

11.2.1 지연된 자료 aged data

인공지능 분석에는 항상 빅데이터가 필요합니다. 그래서 최근 시점에 많은 데이터를 한꺼번에 모으기 어려운 경우가 대부분이므로 과거의 데이터를 같이 활용하게 됩니다. 이렇게 과거로부터 누적된 자료를 현재 시점에 모아서 사용할 경우, 인공지능은 모든 데이터에 대해 같은 중요도를 가지고 분석을 합니다. 그래서, 데이터 변화 경향이 빠를 경우 정확한 분석이 어렵습니다. 이러한 편향의 가능성은 정도의 차이는 있지만 항상 존재합니다. 예로 2018년 CEO를 이미지 검색 한 결과, Fortune 500 대 기업 CEO 중 5%만이 여성이었습니다. 그러므로 이러한 데이터를 학습한 인공지능은 여성은 미래에도 CEO가 되기 어렵다는 판단을 내릴 수 있습니다. 실제로 최근 2년간의 통계는 여성 CEO는 10% 이상으로 보고되고 있습니다.

11.2.2 누락된 자료 missing data

전체 데이터에서 누락된 자료들이 존재하더라도, 그 크기가 크지 않으면 통계적인 연산은 그대로 이루어지는 경우가 있습니다. 그러나 이렇게 누락된 자료는 대칭 자료 크기 불일치 unequal sample size나 낮은 정규화 normality 수치를 만들어 통계 검정을 부적절 illegal하게 하거나 검정능력 power을 떨어뜨리기도 합니다. 누락 자료는 자료의 전체 크기가 작으면 연구자가 사전에 검토할 수도 있지만, 빅데이터를 코딩을 통해 다룰 때에는 충분한 검토가 어려워 간과하기가 쉽습니다.

11.2.3 이상치 결정 편향 outlier choice bias

통계적으로 일반적인 이상치 제거 방법은 평균에서 편차가 3 sigma를 넘어서는 값을 제거하는 것입니다. 그러나 주로 제조업에서 사용하는 이 방법은 행동과학 behavioral science 분야에서 일괄적으로 사용될 수 없습니다. 인간공학에서는 이상치란 "실험 과정에서 예상하지 않았던 부적절한 자극이나 상황의 발생 또는 실험 참가자의 예상치 못한 반응이나 행위로 얻어진 데이터"를 말합니다. 그러므로 편차가 매우 큰 데이터일지라도 이상치로 처리해서는 안되는 경우, 평균에 근접한 데이터라 할지라도 이상치로 처리해야하는 예외적인 경우가 있습니다. 결국 이상치는 연구자가 그 진위를 판단하여 처리해 주어야 하지만, 빅데이터를 처리하는 경우 일일이 처리하기가 어려워, 이로 인한 왜곡과 편향이 발생할 수 있습니다.

11.3
수학적 모델링 과정의 편향 Modelling Bias

11.3.1 모델 설명력의 한계 limitation of accountability of model

수학적 모델은 데이터의 역동적 현상을 설명하는데 있어 일정한 한계를 가지게 됩니다.[24] 어떠한 현상을 설명하기 위해 구축되는 수학적 모델의 경우, 현상에 대한 설명력을 R^2 값으로 표현하고, 이 값이 0.8 이상일 경우 우수한 설명력 accountability을 가지고 있다고 판단하는 것이 상례입니다. 이 말은 데이터가 보여주는 변산성variability의 80% 정도를 수학적 모델이 설명할 수 있다는 의미입니다. 그래서 신뢰할 수 있는 수학적 모델에 의해 운영되는 인공지능이라 할지라도 나머지 20%의 예상하기 어려운 상황에 대해 오답을 줄 수도 있습니다. 그런데 인공지능은 자신이 오답을 제공했는지의 여부를 자체 검열할 방법이 없습니다.

24) Jung, J., Corbett-Davies, S., Shroff, R., & Goel, S. (2018). Omitted and included variable bias in tests for disparate impact. *arXiv preprint arXiv:1809.05651*.

11.3.2 모델 과적합 편향 over fitting bias

이론적으로 독립변수의 수를 늘리면 수학적 모델이 제공하는 설명력 accountability을 증대시킬 수 있습니다. 이 경우는 모델 한계에 의한 편향에서 관찰되었던 것과는 정 반대되는 현상이 벌어집니다. 예로, 데이터가 특정한 패턴이 없이 무작위로 발생되었을 경우라도, 독립변수 5-6개 이상을 사용한 수학적 모델을 사용하면 대부분의 데이터를 설명할 수 있는 방정식이 구해지게 됩니다. 이는 마치 수학적 모델이 현상을 100% 가까이 정확히 파악하고 있는 듯한 착시 현상을 일으킬 수 있습니다. 기계학습 알고리듬은 존재하는 데이터를 설명하거나 판별하는 데 있어 최적화된 수학적 해법을 제시하도록 프로그램되어 있어 이러한 과적합 모델을 만들어 냅니다. 이러한 오류를 예방하려면 제 3의 데이터를 활용한 상호검증 cross validation을 거치는 것이 일반적인 연구 과정이나, 인공지능이 자기 검열을 거치지 않을 경우에는 과적합화 된 모델이 최종적인 결정의 근거가 되는 오

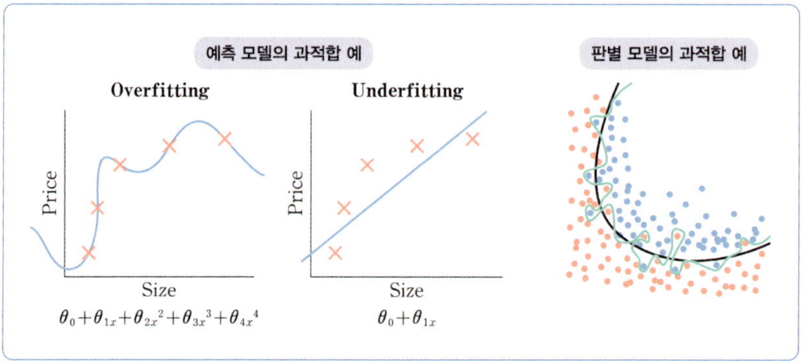

그림 11-1 | 과적합 수학적 모델의 사례 (http://pigbrain.github.io/machinelearning/2015/07/28/Overfitting_on_Machinel_earning: 좌), (https://ko.wikipedia.org/wiki: 우)

류를 범할 수 있습니다. 이러한 오류는 프로그래머의 감시 supervision나, 빅데이터를 사용함으로써 과적합의 정도를 완화시킬 수 있습니다.

11.3.3 대리변수 편향 proxy bias

사회과학 연구에서 흔히 볼 수 있는 현상들은 아날로그적인 형태를 가지고 있어서 이를 정량적 수치로 측정하기 어려운 경우가 많습니다. 이러한 이유 때문에 연구자들은 다양한 현상을 정량적으로 표현해 줄 수 있는 매개변수 parameter를 사용합니다. 문제는 이러한 대리변수를 정의하고 사용할 때 실제 사회현상 또는 자연현상을 설명하는데 있어 차이가 발생할 수 있다는 것입니다.[25] 예로, 국가의 부의 수준과 삶의 질을 평가할 때, GDP 하는 수치를 사용합니다. 이 때 국내 총생산을 의미하는 GDP 수치는 개인별 생활수준이나, 개인별 구매능력을 반영하지 않기 때문에, 개인의 삶의 질을 객관적으로 평가하기 위해 필요 충분한 대리변수가 될 수 없습니다. 이때는 물가와 개인의 구매력을 고려한 GDP, Purchasing Power Parity PPP를 사용하는 것이 적절합니다. 이러한 판단은 인공지능을 프로그램하는 전문가에 의해 이루어져야하는데, 인공지능 전문가가 경제학 전문가와 소통하지 않을 경우 편향된 자료를 사용할 수 있습니다.

25) Asudeh, A., & Jagadish, H. V. (2020). Fairly evaluating and scoring items in a data set. *Proceedings of the VLDB Endowment*, 13(12), 3445-3448.

11.4
연구자의 전문성과 생각의 차이 Matter of Researcher's choice

11.4.1 분석 방법의 선호차이 personal preference

머신러닝의 경우 크게 나누어보면 지도학습 supervised learning, 비지도학습 unsupervised lerning, 강화학습 reinforced learning 등이 있습니다. 딥러닝의 경우 크게 나누어 보면 ANN artificial neural network, DNN deep neural network, CNN convolution neural entwork, RNN recurrent neural network 등의 방법론이 있습니다. 각각의 방법론의 효과 및 효율성이 알려져있어, 데이터의 형태나 얻고자하는 결과물의 성격에 따라 가장 적절한 방법론을 선택할 수 있습니다. 그러나 데이터의 성격이 모호하거나 연구자가 특정한 알고리듬 사용을 선호하는 경우, 최적의 방법론을 선택한다고 확신할 수 없습니다. 방법론의 차이는 자연스럽게 결과물의 차이를 유발합니다. 이를 예방하기 위해서 다양한 방법을 사용해 보는 것이 합리적인 선택이나 시간과 자원의 한계는 항상 존재하기 때문에, 연구자는 선택과 집중을 할 수밖에 없습니다. 이때 연구자의 개인적인 판단이 인공지능의 수행도 performance를 결정하게 됩니다.

11.4.2 측정 편향 measurement bias

데이터를 얻기 위해서, 측정 measurement은 연구자의 기본 활동입니다. 측정 편향은 인공지능 학습을 위한 데이터 확보하는 일에서만 아니라, 과학적 연구 과정에서 발생할 수 있는 매우 보편적인 편향의 원인입니다. 이 과정은 단순해 보이지만 연구에 있어서 가장 중요하고,

연구의 성패를 결정지을 수 있는 까다로운 과정입니다. 이 과정에서의 편향은 특정 변수를 측정하는 방법과 과정에서 발생하며, 연구자가 선택한 측정 대상이 가지고 있는 특수 상황 등과 같은 요소를 생략하거나 고려하지 않아 발생하기도 합니다.[26] 예를 들어 생산직 근로자 그룹의 문제점을 발견하기 위해 더 엄격한 기준에 따라 관찰빈도를 높일 경우 작업자는 심리적 부담이나 피로감이 더해져 평소보다 더 많은 문제가 관찰될 수 있습니다.[27] 또한 설문조사를 실시할 때도 도덕적으로 예민한 질문을 하면 익명성에 따라 그 결과가 달라질 수 있습니다.[28] Ong & Weiss(2000)의 연구결과에 따르면 '학교에서 부정행위를 한 적이 있는가?'에 대한 질문에서 기밀조건에서는 25%의 학생이 '있다'로 대답했지만 익명의 조건에서는 74%로 더 높았다[29]라고 보고하고 있습니다.

11.4.3 기대 효용성과 유의성 혼재 significance vs. utility

인공지능이 계산해 낸 결과를 해석하는 것은 연구자의 몫입니다. 연구자들이 사용하는 통계적 의사결정은 N(sample size)이 충분히 큰 경우 얻어지는 통계검정 결과의 유의미성 significance level을 따릅니다. 그래서 일반적으로 95% 또는 99% 신뢰도가 확보되지 않는 경우,

26) Suresh, H., &Guttag, J. V. (2019). A framework for understanding unintended consequences of machine learning. *arXiv preprint arXiv:1901.10002.*

27) Barocas, S., &Selbst, A. D. (2016). Big data's disparate impact. *Calif. L. Rev., 104*, 671.

28) Gomes, H. S., Farrington, D. P., Maia, A., &Krohn, M. D. (2019). Measurement bias in self-reports of offending: a systematic review of experiments. *Journal of experimental criminology, 15*(3), 313-339

29) Ong, A. D., &Weiss, D. J. (2000). The impact of anonymity on responses to sensitive questions 1. *Journal of Applied Social Psychology, 30*(8), 1691-1708.

통계적으로 유의미하지 않으므로 의미없는 것으로 결론 짓습니다. 이러한 기계적 판단은 매우 중요한 의사결정의 편향 또는 오류를 발생시킬 수 있습니다. 예로, 의사결정의 기준이 되는 "얼마나 쓸모가 있는가?"라는 효용성 utility은 [가치 value × 발생확률 event probability]입니다. 만일 사람 생명의 위협을 예측할 수 있는 장치의 신뢰도가 75% 정도이고 이 장치가 위험에 빠진 100명 중에 75명에게 위험을 예고해 줄 수 있다면, 사람의 가치를 고려할 때, 전체적인 효용가치는 매우 높다고 할 수 있습니다. 이때 단지 안전장치의 신뢰도가 75%밖에 되지 않아 통계적으로 유의미하지 않으므로 사용가치가 없다는 의사결정을 한다면, 구할 수 있는 사람의 생명을 잃게 되는 오류를 범하게 될 것입니다. 그러므로 안전장치를 사용하되 신뢰도를 높일 수 있는 방법을 강구하는 것이 결론이 되어야하는데, 통계적으로 유의미하지 않다는 이유만으로 안전장치를 사용할 필요가 없다는 결정을 내리는 오류를 범하지 않도록 해야 합니다.[30] 통계를 사용하여 알고리듬을 구성하거나, 인공지능이 만들어내는 통계 결과를 해석하는 단계에서 고려해야할 편향 가능성입니다.

11.4.4 데이터 라벨링 편향 data labelling bias

기계학습을 진행하기 위해서는 라벨링 labeling이 가능한 대량의 데이터가 있어야 합니다. 이러한 라벨링 작업은 전문성을 가진 사람이 직접 수행해야 합니다. 그러므로 라벨링을 위한 충분한 시간과 우수

30) 김정룡, 정원섭, 김건우, 정성훈, 요요한, 강승식, 장윤정, 윤미선, 양일모 (2022). 인공지능과 챗봇의 일탈, 세광출판사, 정원섭 엮음, "I. 인공지능의 편향", 17-36.

한 인력을 확보하는 것이 무엇보다도 중요합니다.[31] 이를 위해서는 해당 산업분야에 대한 정확한 이해와 넓은 배경지식을 갖춘 인력이 고품질의 주석 annotation 작업을 통해 일관된 라벨링을 수행해야 합니다. 실제로 대량의 데이터를 라벨링하기 위해서는 여러 명의 인원이 오랫동안 작업해야 하는 경우가 발생하기 때문에 고품질의 주석작업을 유지하기 위해서는 높은 수준의 관리가 필요합니다. 주석작업은 Text를 사용할 경우 강조 highlighting, 밑줄 underline, 댓글 comment, 요약 summary, 문장형태변환 paraphrasing 등을 사용하여 학습 데이터를 편집하기 쉽도록 도와주고, 이미지의 경우 선 line, 박스 box, 3D marking 등 다양한 기호를 활용하고 때로는 소프트웨어 tool을 사용하기도 합니다. 그러나 이러한 일련의 과정이 궁극적으로는 전문가의 지식과 판단, 관찰, 기록 등에 의해 이루어지므로 라벨링 과정에서의 random error는 크게 영향을 미치지는 않겠으나, systematic error가 개입되는 경우에는 인공지능 편향에 영향을 미칠 가능성이 존재합니다.

31) Valizadegan, H., Nguyen, Q., & Hauskrecht, M. (2013). Learning classification models from multiple experts. *Journal of biomedical informatics*, 46(6), 1125–1135.

11.5 11장 주요 내용 복습

11.5.1 Key Words

Selection Bias, Incomplete Data Bias, Modelling Bias, Matter of Researcher's Choice

11.5.2 연습 과제

1. 편향된 데이터를 수집함으로써 사회적 문제를 일으켰던 사례를 조사하고 위의 어떤 편향에 가까운지 토의해 보세요.
2. 자신이 데이터를 수집하거나 활용했던 일 중에 어떤 편향성에 빠질 가능성이 가장 높았었는지 성찰해보고 이를 예방할 수 있는 방법을 토의해 보세요.

12

현장 UX 디자이너가 놓쳐서는 안되는 일 (What a Field UX Designer should not miss)

본 교과에서는 UX디자이너가 고려해야 할 심리적 요인들에 대한 개념을 다루어 왔습니다. 수십 개의 개념들을 학습하였으므로, 이것을 다 기억하고 활용하기에는 무리가 있습니다. 자연스럽게 학생들로부터 어느 것에 우선순위를 두고 다루어야할 지에 대한 질문을 가장 많이 받게 되었습니다. 이 장 chapter 은 그 질문에 대한 답을 저자의 관점에서 정리한 내용입니다. 이 내용은 디자인의 트랜드가 바뀌면, 달라질 수 있는 여지를 가지고 있습니다. 실무에 참고할 수 있는 자료가 되기를 바랍니다.

12.1
색 인식 패턴을 고려한 컬러 디자인 Color design using color perception

색 color 은 가장 쉽게 사용되는 디자인 Cue입니다. 그러나 색의 특징과 기능을 잘 알고 사용하면 그 효과가 지대하지만 그렇지 않을 경우 예상치 못한 결정적인 오류를 유발할 수 있습니다. 그래서 색의 기능적 특징을 잘 알고 사용하는 것이 매우 중요합니다.

12.1.1 그룹핑의 귀재인 Color 사용은 인적오류를 예방

색은 가장 효과적이고 강력한 인식 도구입니다. 색에는 숫자적 크기도 없고, 순서적 의미도 없습니다, 그럼에도 불구하고 색깔 간의 그룹핑으로 정보의 분류와 정보처리가 매우 효율적으로 될 수 있습니다.

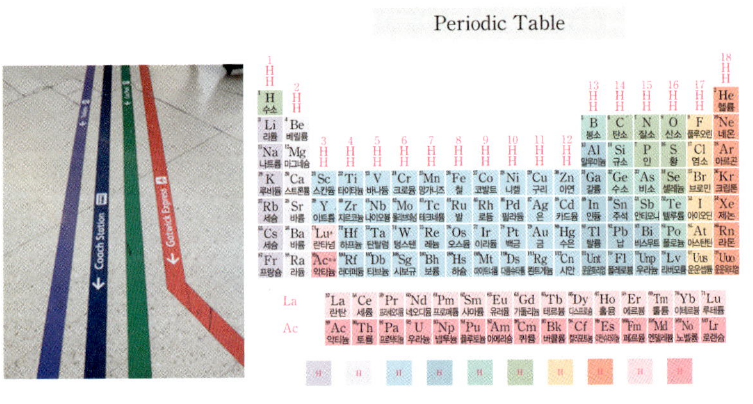

그림 12-1 | 복잡한 내용을 단순하게 알려 주는 color grouping

그러나 그룹핑을 위해 색을 너무 많이 쓰면 역효과를 일으킵니다.

색을 기억하는 것도 작업기억의 한계를 고려하여 결정해야합니다. 만일 너무 많은 색을 동시에 기억해야 한다면 오히려 혼돈을 야기할 수 있습니다. 5가지 이상의 색의 의미를 기억하게 하는 것은 자칫 잘못된 기억에 의한 오류를 발생시킬 수 있습니다.

그림 12-2 | 10개 이상의 노선을 컬러코딩 했을 경우, 작업 기억용량을 초과하므로, 노선 번호를 기억하게 하는 기능은 거의 없어지고, 노선간의 구분을 위한 기능만 주로 활용이 가능함

12.1.2 색을 통한 문화적 정서적 접근

개별 색에는 의미가 있습니다. 이는 상황과 문화에 따라 달라지기 때문에 이를 정확하게 이해하는 것이 매우 중요합니다. 국가나 지역적으로 선호하거나 역사성이 담겨있는 색이 있어서 이를 잘 알고 활용하는 것이 중요합니다. 한편 일반적인 색 감성을 보면 푸른색과

녹색은 환경과 차분함을 떠오르게 하고, 오렌지 색과 노란색은 식욕을 자극하는 경향이 있고, 빨간색은 열정, 에너지, 위험을 떠오르게 합니다. 이를 정교하게 사용하는 것이 중요합니다. 특히 국가에 따라서 선호하거나 비선호하는 색들이 분명한 예가 있습니다. 다양한 국적의 사람이 사용하는 서비스나 제품의 경우에는, 색채에 대한 문화 인류학적 차이를 반드시 고려하여야 합니다.

그림 12-3 | 다양한 색의 의미의 예

12.2
자연스러운 인지 반응성을 고려한 디자인 Design considering cognitive functionality

12.2.1 Design Compatibility를 UI디자인에 반드시 활용

Compatibility의 사전적 의미는 호환성, 양립성, 조화성 등 매우 추상적인 단어로 표현되어 있습니다. 쉽게 풀어 설명하면 상호 간에 잘 어울린다는 말입니다. 첫째로 외형적으로 비슷하거나 조화로운 모습이 있다는 의미입니다. 둘째로 기능적으로 비슷하거나 조화롭거나 보완적이라는 의미도 있습니다. UI 디자인에서는 상호연관성, 상호호환성, 상호조화성 정도의 해석이 적합합니다. Compatibility를 직역할 수 있는 한가지 한글 단어를 찾기가 어려운 반면 UI 디자인에서 매우 중요한 개념입니다. 요약하면 Design-Function Compatibility는 외형적 디자인에서나 내부적 기능에서 서로 짝을 지어놓았을 때, 미적으로나 기능적으로 서로 도움을 줄 수 있도록 만들어져야 한다는 것입니다. 디자인된 어떤 것을 보았을 때, 어떻게 사용하면 좋을지 그 기능이 자연스럽게 떠오를 수 있게 디자인 되어 있는지를 반드시 확인하십시오.

12.2.2 디자인 Cue와 Mental model을 활용한 기능간의 연관성 제공

디자인 Cue는 사용자가 매우 적은 정보량만으로 효과적인 판단을 하는데 필요한 도구입니다. Cue는 시각, 청각적인 것을 망라한 그림, 단어, 추상적 이미지, 시청각 신호등을 포함합니다. 디자인 Cue에 대해 사용자는 자연스럽게 주의집중 자원을 사용하게 되고, 과다하지 않다면 별다른 정신적 부하를 느끼지 않습니다. 그러므로 적극적으로 상황에 맞는 디자인 Cue를 만들어서 사용하는 것을 고려하여야 합니다. 또한 2.2.3에 언급된 정신모형Mental model은 한 번 형성되면 장시간 유지되고, 이를 수정하거나 변형하는 것이 쉽지 않습니다. 그러므로 특정한 UI 디자인이 사용되어왔고 사용자들이 거기에 익숙해져있는 상태라면, 새로운 모델을 위해 새로운 UI와 그에 따른 정신모형을 바꾸는 것은 사용자에게 불편함을 주게 됩니다. 예로, 가전제품의 UI를 신모델이 나올 때 마다 바꾸는 것은 기존 사용자의 습관을 바꾸겠다는 메시지와 같습니다. 자동차의 경우, 특정 브랜드의 차량을 운전하는 사람들은 다른 브랜드의 차량을 운전하게 되면 콕핏cockpit과 조작 버튼에 익숙해지는데 시간이 걸리고, 매우 불편하게 느낄 수 있습니다. 이러한 이유로 특정 제품의 정신모형에 익숙해진 소비자는 브랜드 충성도가 높아지고, 상대적으로 다른 제품에 대해서는 배타적이 될 수도 있습니다. 이런 관점에서 정신 모형은 상업적으로 현장 적용도가 높은 개념입니다. 결국 사용자에게 익숙한 정신모형을 가진 UI를 사용하는 것이 궁극적으로 UX를 증대시키는 방법입니다. 디자이너의 입장에서는 유사한 정신모형을 유지하면서도 유행에 민감한 디자인을 어떻게 구현하는가가 가장 큰 숙제가 되겠습니다.

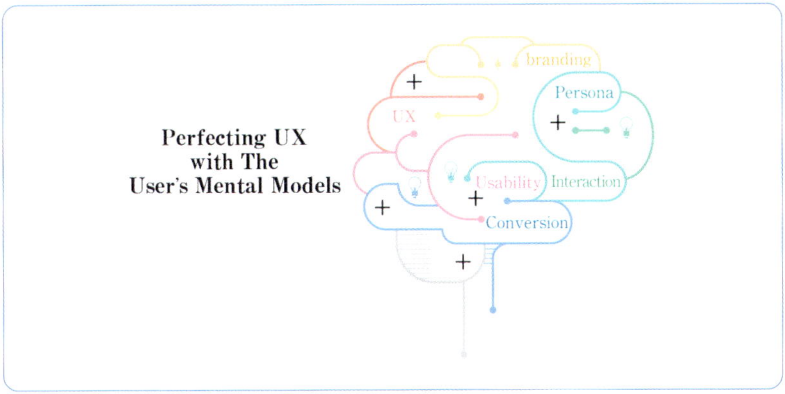

그림 12-4 | 정신모형을 잘 사용하는 것이 UX를 증대시킬 수 있다는 개념을 이해하고 사용하는 것이 중요함 (https://www.unifiedinfotech.net/blog/ benefits-of-mental-models-in-ux-design)

12.3 메타인지를 통한 사용자 입장 되어보기 User centeredness using meta cognition

12.3.1 메타인지에 대한 이해

8장 8.4.1에서 언급된 내용에 따르면 메타인지는 내가 무엇인가를 인지하고 있을 때, 그런 행위를 하는 나를 내가 또 다시 인지하고 있는 것을 의미합니다. 예로, 내가 무엇을 생각하고 있는지를 생각하거나, 내가 얼마나 알고 있는지를 스스로 평가하거나, 나의 기억이 얼마나 정확한지를 스스로 확인해보거나, 내가 스트레스를 받아서 어떤 상태인지를 스스로 인식하고 평가하는 경우를 의미합니다. 메타인지 연습이 잘 된 사람은 내가 아닌 다른 자아가 되어보는 것이 상대적으로 수월합니다. 이러한 훈련이 잘되어 있는 디자이너는, 자신이 만들어 낸 제품이나 서비스를 경험해야할 사용자의 입장으로 관점 전환이 잘 이루어집니다. 즉 어떤 UX를 사용자에게 제공할 지를 기획하고 설계하기 위해서는 평소에 다른 사람의 관점에서 성찰하는 기능이 필요합니다. 이러한 UX 디자인 능력은 기술적, 예술적 능력과는 다른 특성으로 이해되기도 합니다. 가드너의 다중지능 이론[32]을 빌리면, 자기 이해 또는 성찰 능력의 일부로 이해되기도 합니다.

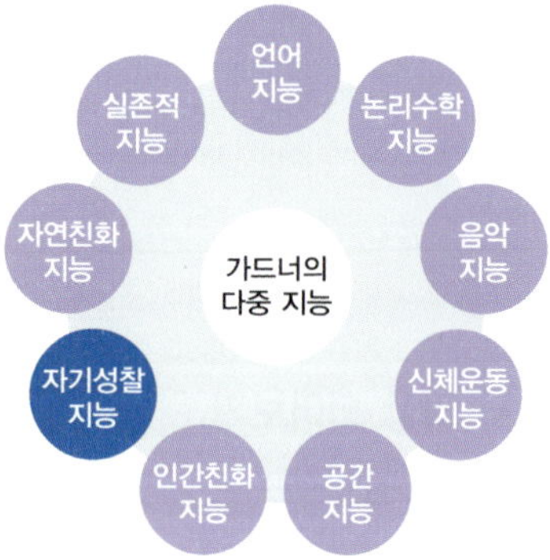

그림 12-5 | 메타인지의 능력은 가드너 (Howard Gardner, 1943-)의 다중 지능 이론에서 자기성찰 지능과 비교될 수 있음 (https://espgarde.com/11)

12.3.2 진정한 사용자 중심 디자이너가 되려면

메타인지 과정은 사용자 중심 디자인을 기획하고 설계하는데 필수적인 과정입니다. 그러나 궁극적으로는 사용자가 어떤 것을 원하고 있는지, 디자이너의 입장에서 추측하는 것만으로는 충분하지 않습니다. 사용자 중심 디자인 User centered design 은 행위 주체가 디자이너가 되지만, 사용자가 중심이 되기 위해서는 사용자의 참여를 통한 데이

32) Gardner, Howard. Frames of Mind: The Theory of Multiple Intelligences (1983)

터를 기반으로 하는 참여 디자인 Participatory design이 동시에 이루어질 수 있도록 하는 것이 반드시 필요합니다. 사용자의 니즈를 파악하고 이해하려고 노력하는 것과 실제 사용자가 체험을 통해 제공한 데이터를 사용하는 것은 차원이 다를 수 있습니다.

PARTICIPATORY DESIGN	VS	USER-CENTERED DESIGN
user testing		user experience
dfficiency		needs
end-user development		user at center of development

그림 12-6 | 궁극적인 사용자 중심 디자인이 완성되기 위해 반드시 필요한 참여 디자인

12.4 작업 기억을 고려한 간결한 구조 설계 Architecture design considering working memory

12.4.1 인터페이스 설계의 매직넘버는 5±2

컴퓨터 작업을 할 때 사용자는 수시로 간단한 것들을 기억하여야 합니다. 바로 전 화면에서 봤던 숫자나 메뉴의 이름 등입니다. 작업기억의 용량에 대해서는 7±2가 일반적인 매직넘버로 사용되지만, 현장의 설계에서는 5±2 정도의 가짓수를 기억하도록 하는 것이 일반적입니다. 아마도 모든 정보를 스마트 기기에 담아서 사용하는 현대인들은 예전보다 작업기억 사용을 적게하기 때문일거라고 추측해봅니다. 결국, 인터페이스 설계의 중요한 메뉴나 버튼의 가짓 수는 5±2가 적당합니다.

12.4.2 기억 memory 보다는 재인지 recognition을 활용

일반적으로 사용자는 기억하는 것을 귀찮아합니다. 왜냐하면 사건이나 사실을 장기기억화 memory하고 이를 회상 recall하는 데는 상당한 노력과 그에 따른 주의집중자원 attention resource이 필요하기 때문입니다. 그러므로 "7.2.3 회상 recall과 재인지 recognition"에 언급된 바와 같이 기억의 회상을 통해서 작업을 수행하게 하는 것 보다는, 잠재적 기억 속에 있는 정보를 깨워주는 Cue를 사용해서 사용자가 필요한 정보를 순간적으로 알아차릴 수 있게 recognize 설계하는 것이 매우 중요합니다. 재인지를 통한 설계는 기억을 깜박함으로써 발생할 수 있는 인적오류를 예방해주는 효과도 있습니다. 이 때, 어떠한 Cue가 재인지를 촉진 시킬 수 있는지, 오류없이 재인지 될 수 있는지에 대한 데이터가 필요합니다.

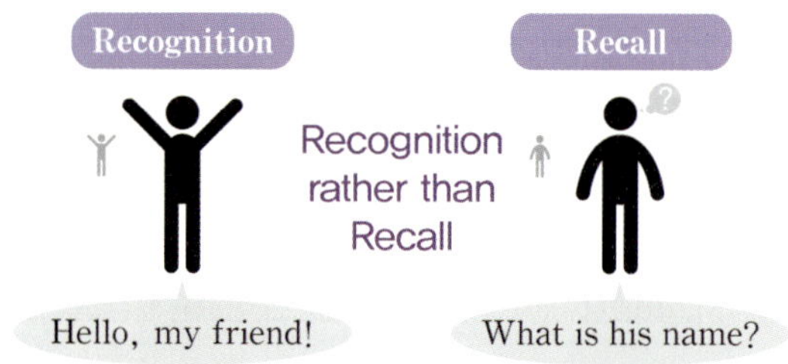

그림 12-7 | Recall과 Recognition을 실행하는데 사용되는 주의집중 자원의 차이가 있음. Recognition이 훨씬 적은 주의집중 자원을 사용. (https://twitter.com/rogeenok/status/1121016611379478528)

12.5
행위 유도 설계를 통한 실수 회피 Mistake avoidance by using affordance design

12.5.1 나도 모르는 사이에 특정한 행위를 하도록 유도

"7.3 친절한 Affordance[행위유도성] 디자인"에서 언급한 바와 같이 사용성 증대를 위해 행위유도설계가 사용되면 편의성을 증대시키는 장점이 있습니다. 이와 더불어, 또한 위험한 사고를 방지하기 위해서, 사용자가 자신도 모르게 위험 상황을 피해 갈 수 있게 해준다면 그야말로 최고의 의미있는 경험 디자인이 될 것입니다.

그림 12-8 | 행위유도 디자인의 예: LED 보행유도 조명, 컬러 주행유도선 (https://www.google.com/url?sa=i&url=http%3A%2F%2Fwww.latimes.kr%2Fnews%2FarticleView.html%3Fidxno%3D32126&psig)

12.5.2 일일이 명령하면 싫어하는 사람들을 고려/가능하면 세련된 디자인으로

Nudging은 상대방을 팔꿈치로 슬쩍 찌른다는 의미입니다. Digital nudging[은근한 기술]은 사용자가 특별히 신경 쓰지 않는 상황에서 알아서 정보를 알려주는 시스템을 의미합니다. 예로, 손목에 장착된 심박 측정기는 과다한 심장 박동을 알려주어 심장에 무리가 가지 않도록 도와줍니다. 주변에서 조심하라고 잔소리를 하는 것보다 훨씬 더 친절한 시스템입니다. 이와같이 Nudging design은 은근한 것 같지만 매우 강력한 디자인 메시지를 주는 설계입니다. 특정한 행위를 자연스럽게 유발시킨다는 면에서는 Affordance design과 개념을 같이 합니다.

그림 12-9 | Nudging의 의미와 디지털 Nudging의 예 (https://www.google.com/url?sa=i&url=https%3A%2F%2Fwww.mark-up.it%2Fil-digital-nudging-e-il-futuro-del-consumer-engagement%2F&psig)

12.6 사용자 탑 다운 휴리스틱을 용이하게 하는 적절한 Cue 제공

Cues serving for top-down heuristics

12.6.1 휴리스틱의 의미를 잘 이해하기

휴리스틱은 전문 분야에 따라 용어가 다릅니다. 휴리스틱 해법을 발견적 해법이라고 부르기도 하고 휴리스틱 솔루션을 전문가 해법이라고도 합니다. 휴리스틱은 정의하면 경험적 데이터를 토대로 한 직관적 해결방법입니다. 그래서 전문가의 경험과 지식을 바탕으로 일단 답을 정하고 그 답이 틀리면 다른 답을 찾아가는 방법입니다. 답을 직관적으로 발견한다는 의미이고 동시에 전문가 의견을 통해 알아낸다는 의미이기도 합니다. 혹시 직관적이라는 용어를 데이터를 기반으로 하지 않는다는 개념을 가지고 있다면 휴리스틱에서 언급하는 직관과는 다른 의미입니다. Jakob Nielson은 UX 디자인에서 휴리스틱을 적극적으로 사용하는 경우를 나열하였습니다.[33] 다음의 10가지 주제에 대해서 전문가들은 자신의 경험과 직관을 사용하여 판단해야한다는 것입니다.

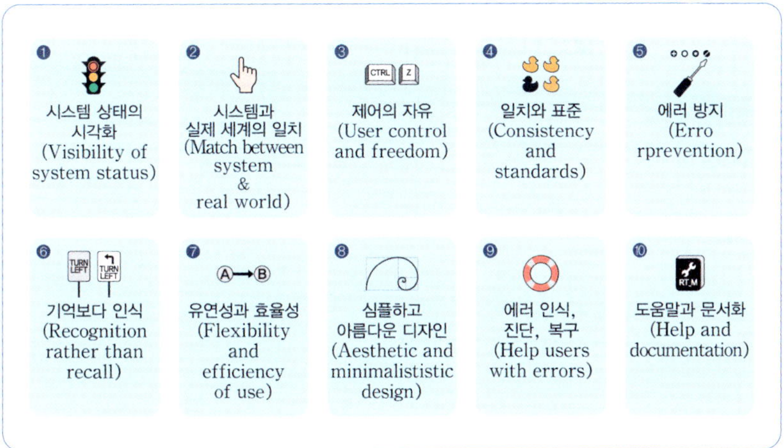

그림 12-10 | Jacob Nielson 이 만든 전문가들이 확인해야할 디자인 요소 10가지(한글 번역) (https://uxdesign.cc/10-usability-heuristics-every-designer-should-know-129b9779ac53)

33) https://www.nngroup.com/articles/ten-usability-heuristics/?platform=hootsuite

12.6.2 탑 다운 top-down도 최소한의 정보가 있어야 가능

그러므로 위에 언급한 휴리스틱을 사용할 때, 전문가가 자신의 경험적 데이터를 가장 적절히 호출할 수 있는 초기의 신호가 필요하고 그것이 Cue입니다. 복잡하지 않은 내용이라면 전문가가 아니더라도 일반 사용자도 Cue를 통해 탑 다운 솔루션을 최소한의 비용으로 얻어갈 수 있기 때문에 매우 선호되는 방법입니다. 그러나 이때 사용자의 데이터나 휴리스틱에 사용한 가설이 틀리는 경우 오답이 발생할 수 있으므로 Risk가 항상 있습니다. 이런 오류의 가능성을 줄이기 위해서는 Cue의 형태나 제공 시점이 매우 중요하고 이를 어떻게 정교하게 설계할 지를 UX 디자이너는 고민해야 합니다.

12.7
중요정보 확인을 위한 다중 매체 활용 피드백 Multimodal feedback design for redundancy gain

12.7.1 다채널이 할 수 있는 멀티능력을 이해하기

사람들은 한가지 정보채널만을 사용하면 처리가능한 정보의 양이 매우 제한됩니다. 예로, 한꺼번에 2가지 이상의 책을 읽을 수 없고, 2가지 이상의 음악을 들을 수 없습니다. 그리고 정보의 양이 갑자기 많아지면 정보처리 지연현상이 발생하여 뇌에서 버퍼링 현상이 일어나게 됩니다. 이렇게 정보처리의 한계가 있는 사람들도 시각과 청각을 같이 사용하면 필요한 정보를 동시에 실시간으로 처리할 수 있습니다. 예를 들어, 음식을 후각으로 음미하면서 음악을 청각으로 들을 수도 있습니다. 이처럼 정보 채널을 다채널로 사용하면 정보처리 능력이 증가하는 것을 볼 수 있습니다. 이러한 특성을 잘 이해하면 다채널을 활용하여 정보처리의 양을 늘릴 뿐 아니라 정보 전달의 신뢰도를 높일 수 있습니다.

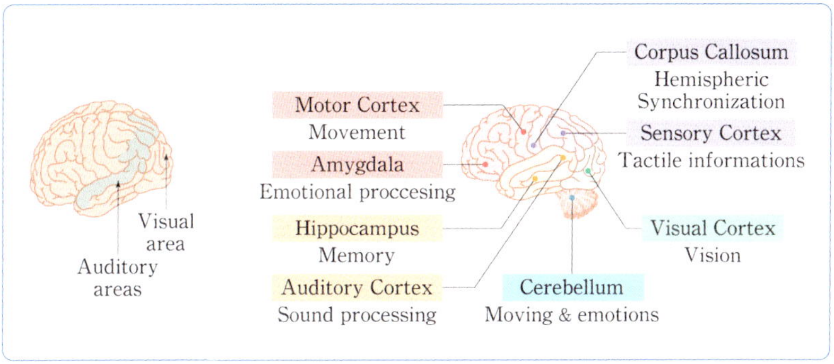

그림 12-11 | 정보입력 채널이 다른 경우 동시에 정보를 처리할 수 있는 뇌의 구조와 기능 (https://cstar. sc.edu/patients: 좌), (https://www.musictogether.com/parents/whats-happening-in-babies-brains- during-music-experiences-v2: 우)

12.7.2 다른 형태로 제공되는 정보가 주는 안전장치

"3.2.3 중복효과 redundancy gain"에 언급된 multi-modality를 활용하는 경우입니다. 같은 내용의 정보라 할지라도 다른 물리적인 형태를 가지고 중복적으로 제공되는 경우 정보전달의 신뢰도를 높일 수 있습니다. 대부분의 시각적 경고 사인과 청각적 경고음이 동시에 제공되는 경우입니다. 또한 같은 시각적 정보이지만 형태가 다른 경우입니다. 글자와 그림이나, 숫자와 글, 그림과 설명을 사용하는 경우입니다. 이 경우에도 중복효과가 발생합니다. 특히 위험 상황을 경고하거나 위험 상황이 발생했음을 알리는 신호의 경우에는 반드시 중복효과를 활용하여야 합니다. 치명적인 중요한 정보나 신호를 설계하려고 한다면, multi-modality를 활용한 중복효과를 반드시 고려하십시오.

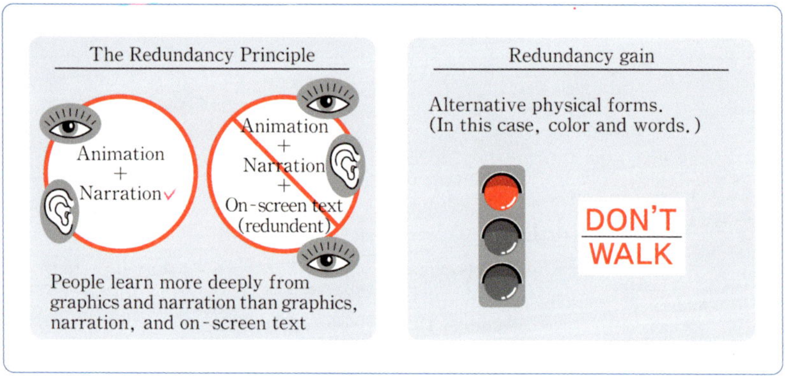

그림 12-12 | 시각 및 청각 신호 간의 중복효과, 색과 문자 간의 중복효과 (http://flc.learningspaces.alaska.edu/?p=4923: 좌), (https://slideplayer.com/slide/7650828/: 우)

12.8
인터페이스 신뢰도를 높이는 적정민감도 설계 Optimal Sensitivity Design for Interface Reliability

12.8.1 모두가 좋아하는 적정 민감도

민감도 sensitivity는 통계적으로는 진짜 신호 signal와 가짜 신호 noise 간의 물리적 거리를 의미합니다. 개념적으로는 의도된 진짜 입력신호를 정확하게 인식하는 정도를 인터페이스 민감도라고 합니다. 이를 키보드를 예를 들면, 살짝만 터치했는데도 중복 입력이 되거나, 꾹꾹 눌러도 입력이 되지 않는 경우가 있으면 민감도가 떨어지는 경우입니다.

그러므로 음성이나 터치가 빈번히 사용되는 디자인에서는 적정 민감도의 범위가 어느 정도인지 정확한 데이터를 기반으로 인터페이스 설계를 하는 것이 매우 중요합니다. 적정민감도의 설계는 감각으로도 할 수 있지만 추출 가능한 데이터 기반으로 설계하여야 합니다.

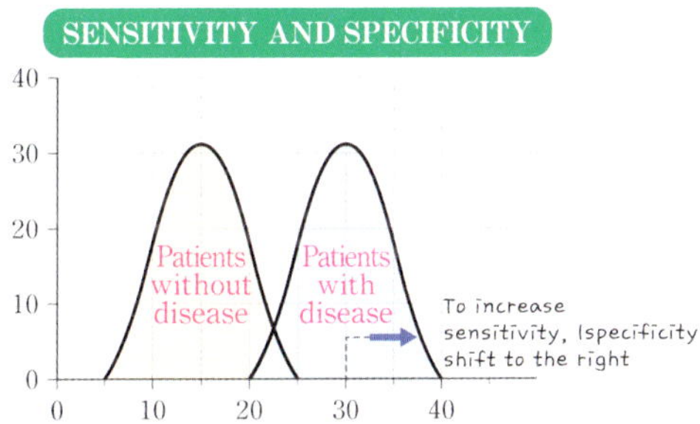

그림 12-13 | 터치센서의 민감도에 따라 사용자의 터치 성공률이 결정됨. 진짜 신호의 성격을 정확하게 규정하는 것이 중요함 (https://www.technologynetworks.com/analysis/articles/sensitivity-vs-specificity-318222: 우)

12.8.2 적응형 adaptiveness으로 사람마다 다른 민감도 대처하기

그러나 문제는 사용자마다 선호하는 민감도가 다르다는 것입니다. 특히 음성인식의 경우 연령, 성별, 직업 등에 따라 언어습관이 다르기 때문에 인공지능을 활용해 자연어처리의 민감도를 높이는 노력이 이루어지고 있습니다. 향후 개발될 UX 인터페이스 기기는 인공지능을 활용한 이미지 센서나 사운드 인식을 기반으로 만들어지는 경우가 많아지므로, 그에 따른 민감도 결정이 인터페이스의 성능을 결정하는 매우 중요한 요인이 될 것입니다. 향후 AI 인터페이스 설계를 위해서도 민감도의 개념을 잘 이해하는 것이 좋습니다.

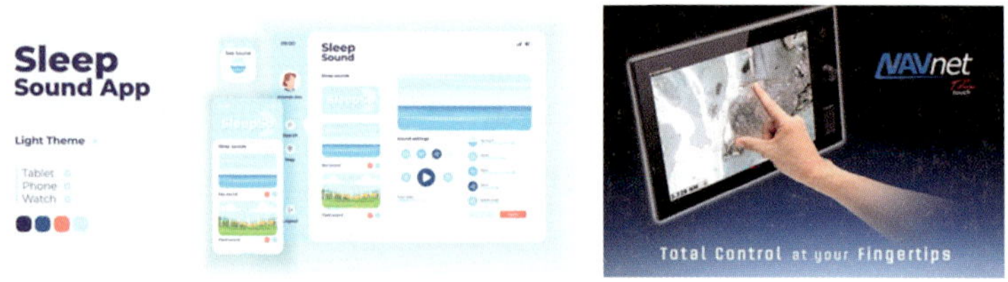

그림 12-14 | 자신에게 맞는 수면음악을 선정하는 어플리케이션 (https://www.freepik.com/premium-vector/sleep-sound-app-screen-adaptive-design-template-calming-music-relaxing-sounds-application-light-mode-interface-with-flat-illustrations-smartphone-tablet-smart-watch-cartoon-ui_9629088.htm: 좌), 터치스크린 민감도에 따른 화면반응성 (https://gcaptain.com/furunos-navnet-tztouch-ipad/: 우)

12.9 친절함, 편암함, 존중감이 묻어나는 디자인 Design with kindness, comfort, and respect for users

12.9.1 UX가 UI와 다른 점

UI 디자인은 기능성과 효율성이 주로 강조된 설계입니다. 이러한 설계를 하기 위해서도 고도의 지식과 경험 그리고 매우 진지한 노력이 필요합니다. UX 디자인은 이에 더해 사용자의 사회심리학적인 면 psycho-social aspect을 고려하여야 합니다. 이것이 UX가 UI와 차별되는 지점입니다. UI가 효율적인 언터페이스 설계를 위한 기능적이고 예술적인 방법론이라면, UX는 그것을 사용하는 사람들의 심리와 경험이 결합된 결과물입니다. 사람의 경험은 기억, 관계, 상황 등의 영향을 받으므로, 이를 통칭하면 사회심리학적 요인이라고 부를 수 있습니다. 사용자 경험이라는 말도 의미없는 경험을 추구하는 것은 당연히 아닙니다. 좋은 경험의 기억을 제공하는게 핵심입니다. 이것을 위해서는 기본적으로 사용자에게 인격적으로 다가가는 제품과 서비스가 되어야합니다. 이 때 잊지 말아야할 덕목은 친절함, 편안함, 존중감입니다. 이러한 덕목은 사람과의 관계에 있어서도 다르지 않습니다. 그래서 UX 디자인은 제품과 서비스가 사용자와의 인격적인 관계를 맺는 과정이라고 볼 수 있습니다.

그림 12-15 | UX와 UI의 개념적 차이. UX의 범위에 대한 이견이 학자들 간에도 있음 (https://www.facebook.com/goprotozdesign/posts/ui-vs-ux-design-isnt-finished-until-somebody-is-using-it-brenda-laurelhope-you-a/2861839694142761/)

12.9.2 존중감을 나타내기 위한 노력

사용자의 긴급한 필요 Needs, 개별 인격적 특징 Persona, 가치 Value, 언어 문화적 특징 Ethnicity, 사회심리학적 특징 Psychosocial characteristic 등을 면밀하게 고려했을 때, 사용자는 제품이나 서비스를 통해 존중받는 느낌을 가질 수 있습니다. 이는 UX디자인이 공학적, 심리학적, 윤리적 요소를 고루 가지고 있다는 것을 의미합니다.

그림 12-16 | 사용자의 언어적 특성을 고려하지 않고 제품을 설계한 경우를 비유하는 삽화 (https://uxdesign.cc/how-to-think-like-a-content-designer-532b5c0c2ed1)

12.10 감성을 자극하는 매력적인 디자인 Attractive Design to be pleasured

12.10.1 도대체 어떤 감성을 자극하는가?

감성이란 단어는 매우 포괄적인 의미를 담고 있습니다. 사용자들이 어떤 수준의 감성을 경험하게 될지를 사전에 검토하고 구체적인 감성 기획을 하는 것이 중요합니다. 감성을 표현하는 다양한 용어들이 있는데 이를 통해 어떤 감성을 자극하는지를 알아봅니다.

다음의 6가지 감성관련 용어는 감성이 발현되는데 걸리는 시간이 약간씩 다르고 단어의 용법도 조금씩 차이가 있습니다. 이를 참고해서 사용자가 경험하는 감성에 대해 설계하고 이를 달성하기 위해 노력하는 것이 필요합니다. 과연 사용자는 어떤 감성적 자극을 받기를 원하는지를 분명히 아는 것이 필요합니다.

표 12-1 | 감성을 표현하는 다양한 용어 및 차이

다양한 사용자 감성 용어	감성이 발현되는 과정에 대한 미묘한 차이
Sensation (감각)	자극이 주어지는 순간 반사적으로 발현됨. 오감을 통해 제공되는 정보에 대해 신체가 알아차리는 (sensing) 상태임
Feeling (느낌, 기분)	자극에 대해 직관적이고 순간적인 반응임. 감각적인 sensation의 일부를 포함하고, 이에 더해 이미 내재되어 있는 감성 또는 기억과 외부 자극이 맞닿으면서 고유한 느낌 (feeling)이 즉각적으로 발현됨
Emotion (감정, 감성)	내부나 외부의 강한 자극 또는 반복적인 자극에 의해 특정한 감성적 상태 (feeling)가 발현되어 유지되는 상태 (state of feeling)임. 긍정적이든 부정적 감성이 특정 시간 동안 내부적으로 유지되는 특징이 있고, 생리적 반응의 변화를 동반하기도 함
Affect (감동, 정서)	심리학에서 사용하는 용어로 감정에 의해 나타나는 현상들을 통괄해서 부르는 용어임. 감정에 의한 표정, 동작, 자세, 음성 등이 포함됨. 특정한 생각이나 경험으로부터 나오는 감정에 대한 자아 의식을 의미함
Mood (기분, 분위기)	기분이라고 불리울 때는 이미 가지고 있는 감정 또는 느낌 (feeling)으로 사용되고, 분위기라고 했을 때는 특정한 주변상황을 일컫거나, 어떤 행동을 자연스럽게 유도할 수 있는 수용적 상태나 태도를 의미함
Sentiment (감상, 정감)	특정 시점의 feeling에 의해 만들어지는 생각이나 태도를 의미함. Emotion과 동의어로도 사용되지만 예술작품에 대한 감상적 정서, 감정적 이상향, 로맨틱하거나 과거 회상적인 정서를 의미함

12.10.2 사용자에 제공하는 즐거움이란?

Patrick W. Jordan(2000)은 네 가지 사용자들이 경험하는 즐거움을 분류하였습니다.[34)]

34) Jordan, W. Patrick(2000). Designing Pleasurable Products: An Introduction to the New Human Factors, Taylor & Francis, London.

첫째, 신체적 즐거움은 사용자가 촉각으로 느끼거나 손으로 잡았을 때 느끼는 편안함, 기분 좋음 등을 의미하고, 전동식 각도 조절 의자와 같은 신체가 경험할 수 있는 다양한 요인을 포함합니다. 편안한 의자, 좋은 그립감의 핸들, 좋은 피드백의 키보드 등이 이에 해당됩니다. 둘째, 사회적 즐거움은 양면성을 가지고 있습니다. 내가 다른 사람과 일체감을 느끼거나 혹은 다른 사람과 다른 개성을 표현할 때 사회적 즐거움을 느낍니다. 예로, 학생들이 같은 유니폼이나 학과 유니폼을 맞추어 입고 소속감을 느낄 때 사회적 동질감 Conformity을 통해 즐거움을 경험합니다. 반대로는 남들과 다른 개성있는 복장이나 남들이 안하는 취미활동을 통해 자기 성취감을 느끼는 경우가 있는데 이도 사회적 즐거움 중에 하나입니다. 셋째, 인지적 즐거움은 심리적 즐거움입니다. 머리를 많이 쓰지 않고도 쉽게 따라할 수 있는 일이 있다면 이것도 사용성이 추구하는 인지적 즐거움입니다. 그리고 외형상 잘 잘라질 것 같은 가위가 실제로 잘 든다면 이도 심리적 기대감이 충족되는 인지적 즐거움입니다. 반면 어려운 퀴즈를 풀면서 성취감을 느끼데 된다면 이 경우도 인지적 즐거움 중에 하나입니다. 넷째, 가치적 즐거움입니다. 명품 제품을 구매하는 사람들이 단지 비싸기 때문에 샀다면 그것은 사회적 즐거움일 수 있습니다. 그러나, 장인 정신으로 한땀 한 땀 만들어진 명품을 비싼 돈을 지불하고서라도 구매한다면 장인의 가치를 구매하고 이를 스스로 즐기는 경우입니다. 만일 제품이 모두 친환경 소재로 되어 있어서 볼품이 없어도 비싼 돈을 주고 구매했다면 가치적 즐거움을 누리기 위해 구매한 것입니다. 미국에서 할리데이비슨이라는 오토바이를 구매하는 사람은 할리데이비슨이라는 상표가 제공하는 미국의 개척정신, 라이더라는 동지의식의 가치를 구매하는 것입니다. 실제로, 1983년 창시된 Harley Owner Group HOG 은 할리데이비슨이라는 회사가 재정적 위기를 맞았을 당시, 커뮤니티 활동을 통해 1985년에 미국내 34개의 지부 6만 3000명의 회원을 확보하여, 할리 판매 부활에 기여하였고, 현재 130개국 10만 여명의 회원을 가지고 있습니다. 그야말로 할리데이비슨을 타는 사람들은 라이더가 만든 회사라는 가치를 공유하고 있습니다. 이러한 4가지 즐거움을 주는 요인들이 만족되는지를 살펴봄으로써 특정한 서비스나 제품이 사용자에게 경험적 만족감을 줄 수 있는지를 예측해 볼 수 있습니다. 직관적인 분석 방법이지만 UX 디자인의 성공 여부를 종합적으로 가늠해 볼 수 있는 좋은 방법입니다.

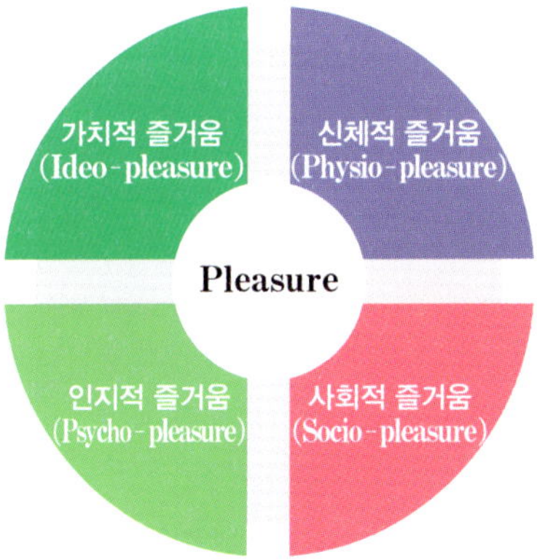

그림 12-17 | Jordan (2000)이 기술한 4가지 즐거움을 토대로, 새로 출시될 제품과 서비스가 사용자에게 어떤 기쁨을 줄 수 있을 지 예견해 볼 수 있음